高森明勅

皇「生前退位」の真実

GS 幻冬舎新書 440

はじめに

平成二十八年（二〇一六）八月八日、天皇陛下は「ビデオメッセージ」という異例の形で、ご自分のお気持ちを全国民にお伝えになった。

その〝核心〟は生前退位（譲位）を望んでおられるということ。

「国民統合の象徴」である天皇には、その役割にふさわしい〝務め〟がある。

その務めを十分に果たすことができてこそ、天皇の地位にとどまる意味がある。

もし高齢による衰えのために、その務めを十全に果たしにくくなったらどうすべきか。

その時は、天皇の地位を後継者に譲り、自らは潔く退くべきだ。

それこそが、国のため、国民のため、後進の皇族のため、「公《おおやけ》」のための〝唯一〟の選択肢――というのが陛下のお考えのように拝される。

しかし、今の制度では生前退位は認められていない。

その上、天皇ご自身は「国政に関する権能を有しない」とされる。

よって、制度を改正して生前退位を可能にするか否かは、国民の判断に委ねられた。天皇の地位にある方が「象徴」としての務めを〝十分〟に果たしつづけることを可能にするためには、生前退位の制度は欠かせない。

その事実に国民が気づくか、どうか。

陛下は一切をビデオメッセージに賭けられたように拝される。

これに対し、圧倒的多数の国民は「とにかく陛下のお気持ちを叶えて差し上げたい」と感じた。

極めて健全な感覚だろう。

その「健全な感覚」を事実と論理によって〝言葉〟化する必要がある。

それによって、その感覚は安定性と客観性、さらに現実を動かしていく力を持ち得る。

本書はその課題に応《こた》えようとするものだ。

多くの国民が抱いた〝感覚〟の「正しさ」の根拠を明快に示したい。

第一章では、陛下の「お言葉」をどのように受け取るべきか、少し丁寧に説明するつもりだ。

第二章では、明治以降、生前退位という選択肢が制度上、排除されてきた理由を点検し、今後はどうすべきかを考える。

第三章では、「四つの視点」から生前退位を認めるべき根拠を明示する。とくにそれが「憲法上の要請」であることを解き明かす。

第四章では、実際に生前退位を可能にするための皇室典範の「改正案」を提示しようと思う。それと共に、皇室の存続それ自体が危うくなっている現実に改めて目を向ける。その上で、危機を乗り越えるための基本的な「考え方」と、具体的な改正案も示す。ここで提示する私案が完全なものとは思わない。それでも、これまでになかった〝包括的〟な提案を目指したい。

第五章では、改めて「象徴」天皇そのものについて考える。もともとは占領下にGHQによって〝押し付け〟られたはず。なのに、その「望ましい在《あ》り方」を徹底的に追求される陛下によって、逆に「天皇の伝統的在り方」が回復されていく。その鮮やかな歴史の〝逆転劇〟に、我々は目を見張るだろう。

今、私たちは皇室と日本の重大な転換点に立っている。

その転換とどう向き合えばよいのか。皆さんと一緒に考えていきたい。

なお「生前退位」という言葉について、簡単に触れておく。

この語は、昭和二十一年（一九四六）に法制局（当時）がまとめた「皇室典範案に関する想定問答」にすでにその用例が見える。その後、憲法の注釈書などには長年にわたって普通に使われてきた。

先の天皇が亡くなって次の天皇が即位する場合との違いを明確にするために、あえて「生前」という言葉を付け加えている。

また歴史上、「死後」退位（譲位）とも呼べるようなケースもいくつかあった。後一条《ごいちじょう》天皇が亡くなった時、天皇の「遺詔《いしょう》」によってその事実を秘し、〝譲位〟の形式によって次の後朱雀《ごすざく》天皇が即位した例などだ（『日本紀略』『続世継』）。

これまで一般にはあまりなじみのなかった言葉ながら、それなりの由緒と根拠があることを付言しておく。

天皇「生前退位」の真実／目次

第二章 生前退位を認めなかった理由 51

第五章　象徴天皇の逆襲 193

第一章

八月八日の「お言葉」をどう受けとめるのか

七月十三日の衝撃

平成二十八年（二〇一六）七月十三日夜、国民の間に衝撃が走った。「天皇陛下が『生前退位』を望んでおられる」――との報道が流れたためだ。

この日のNHKの夜七時のニュースが、この超ド級のスクープを報じた。ただちに他のメディアも続く。

天皇陛下が自ら天皇の地位（皇位）を退こうとなされるなどとは、誰もが予想しなかったことだ。いったい何故か？　そもそも事実なのか？

宮内庁は当初、〝そうした事実はない〟と否定していた。たとえば同日の夜に対応した山本信一郎次長（当時、以下同じ）は、「天皇陛下が『生前退位』の意向を宮内庁関係者に伝えている事実は一切ない。そうした前提で今後の対応を検討していることもない」と。

だがメディアは〝生前退位のご意向〟を既定の事実として報じつづける。翌日の新聞各紙の朝刊の見出しには「皇后さまと皇太子さまに伝える」（『朝日』）、「皇室典範改正など検討」（『読売』）、「ご意向　数年内に」（『産経』）、「宮内庁、近く公表へ」（『日経』）、「一年前から示す」（『東京』）などの文字がおどった。

一般の国民はどう受け止めたらよいのか、しばし困惑しただろう。天皇の「退位」なんて考えてもみなかった。明治以降、まったく前例もない。そもそも、報道によると制度上も認められていないようだ。そんなことを天皇陛下ご自身が望まれるものなのか、どうか。そのような陛下の内面にあるご希望がメディアによって大々的に報じられることも奇妙ではないか。等々――。

それでも、もしそのことが確かな事実なら、素直にそのまま陛下の願いを叶えて差し上げるべきだろう、と多くの人々は思ったはずだ。

しかも、冷静に事態の推移を見守っていれば、一連の報道がおよそ間違いのない事実にもとづいていると気づいたのではないか。

何故なら、事柄は天皇陛下ご自身のご進退に直接かかわる重大事中の重大事だ。もしそれが誤報なら、宮内庁ばかりでなく政府自体が全力を挙げて撤回させ、訂正させるはず。一方、メディアの側もトップの引責辞任が求められるようなレベルの話だ。

ところが当初、打ち消しにまわっているように見えた宮内庁も、決して強硬な抗議や訂正の申し入れなどは行っていない。まことにソフトな対応ぶりだった。

このような流れを見て、ハハーンと気づいた人も少なくなかっただろう。メディアによる「生前退位のご意向」をめぐる報道は、決して誤報・虚報のたぐいではない、と。はじめはしばらく戸惑っていた国民も、陛下は本気で退位（譲位）を望まれていると、しだいに納得したのではあるまいか。

皇室典範の改正が焦点

情報が未確定の時点でも、政界の反応はおおむね「前向き」だった。

「陛下のご意向を何よりも尊重すべきだ」（自民党幹部）
「皇室典範の改正が必要になると思う。党内で議論してもらい、慎重に対応しなければならない」（自民党の佐藤勉国対委員長）
「陛下のご意思が固いならば、皇室典範改正の議論も速やかに行わなくてはならない」（公明党幹部）
「公務を一生懸命やられて、体調面でつらかったのだろう。生前退位はやむを得ない」（公明党衆議院議員）
「陛下のご健康を最優先で考慮すべきだ。そのために政府は最善の努力をすべきだ。

我が党も全面的に協力する」（おおさか維新の会の馬場伸幸幹事長）

「天皇陛下ご本人の健康が第一だ。円滑な皇位継承をするという点で、ご健在のうちに退位することが望ましい」（社民党の吉田忠智党首）

「陛下の意向は尊重せざるを得ない」（「日本会議国会議員懇談会」幹部）

――といった具合。

さすがに政治家たちは問題の焦点が「皇室典範の改正」に絞られることに気づいているようだ。というのも、憲法第二条には次のようにある。

「皇位は、世襲のものであつて、国会の議決した皇室典範の定めるところにより、これを継承する」――

皇位の継承は国家的な重大事。だからわざわざ憲法に規定してある。そこで示されている原則は二つ。

一つは「世襲」ということ。つまり皇室の血筋によって受け継がれるという原則。これはほとんどわが国が始まって以来の大原則と言える。

もう一つは「皇室典範の定め」に従うということ。これは明治時代に皇室典範が制定されて以来の原則。

どちらも皇位継承についての重要な原則。だからことさら憲法に明文の規定を設けている。その二番目の原則である「皇室典範の定め」は具体的にどうなっているか。典範の第四条にこうある。

「天皇が崩じたときは、皇嗣が、直ちに即位する」——

つまり天皇崩御《ほうぎょ》による皇位の継承〝だけ〟しか認めていない。

これをこのままにしておいたら「生前退位」を認める余地はない。

よって、もし陛下のご意向が事実なら、そのご意向を叶えるためにはどうしても「皇室典範の改正」が欠かせない。その改正は「国会の議決」によるのだから、国会議員はまさにその当事者ということになる。政治家たちが一種の緊張感をもって第一報に接したのも当然だった。

また同時に、そのことが「生前退位」をめぐる情報のある種の〝混乱〟を生み出す原因にもなった。これについては奇妙なジレンマが存在したのだ。それはどういうことか。

生前退位をめぐるジレンマ

普通に考えて、天皇のご退位について、他人があれこれ公言するのは失礼この上ないことだろう。皇族であっても憚かられる。まして政治家が口出しするなんてもってのほか。政治権力者が畏《おそ》れ多くも天皇陛下を無理やり〝引きずり降ろそう〟としているようにしか見えない。ジャーナリズムがじゃんじゃん書き立てる話題でもない。その場合もやはり非礼との批判はまぬがれにくい。つまり生前退位については、天皇陛下ご本人以外は議論の口火を切る立場にない。

ところが一方、天皇陛下は憲法上、唯一の「日本国の象徴」「日本国民統合の象徴」とされていて、さまざまな制約の下《もと》にある。ほとんどあらゆる自由と権利が制限されていると言ってもよい。とりわけ憲法第四条第一項に次のように規定している。

「天皇は、この憲法の定める国事に関する行為のみを行ひ、国政に関する権能を有しない」――

この条文の主旨については、一般に次のように説明される。「天皇は憲法に具体的に列挙されている国事行為のみを行うことができ、およそ政治に影響を及ぼすような国政に関する行為を行うことができない旨を明らかにした規定」(伊藤正己氏ほか『注釈憲法〔第三版〕』)と。

そうするとどうなるか。

天皇陛下がご自身の意思で皇位を退かれるのを誰かが邪魔だてするなんて、普通は思いもよらないだろう。ところが皇室典範がそれを認めていない以上、典範を改正しなければ退位はできない。その上、典範の改正はもっぱら「国会の議決」に委ねられている。ということは、「国政に関する権能を有しない」天皇は、ご自身で典範の改正を指示されたり、要請したりできないと見なければならないだろう。

ここにはっきりジレンマが浮かび上がる。一方では、天皇ご自身以外に「退位」を言い出せないのに、他方で退位を可能にする典範の「改正」それ自体には天皇は言及できない――ということ。

生前退位をめぐるご意向が報じられた当初、宮内庁幹部が否定的な発言を繰り返していたのも、〝天皇陛下は「国政に関する権能」に踏み込むような発言はされていない〟と伝えたかったと理解すれば、それなりに納得できる。

それにしても、天皇陛下がご自身の退位のご希望もストレートに口にできない制度のあり方は、常識的に考えて疑問ではないか。世界中の君主でそのような例はあるのか。

明治の皇室典範の場合、成年皇族男子によって構成された「皇族会議」と天皇の顧問役の「枢密院」にはかって天皇ご自身がお決めになるのがルール（第六十二条）だった。今の典範も皇室内部についての取り決め〝だけ〟を内容としているのだから（明治典範の場合は「元号」についての規定がやや例外的だったが、今の典範には含まれない）、そうしたやり方でとくに問題はない。と言うよりそっちのルールの方がずっと自然だろう。

三重の予防線

そうした事情を踏まえて、八月八日の天皇陛下のお言葉をあらためて読み返す必要がある。

同日の午後三時、テレビ各局は一斉に天皇陛下の〝ビデオメッセージ〟を流した。正確には「象徴としてのお務めについての天皇陛下のおことば」。

私は当日、テレビ東京の特別番組に出演した。ビデオメッセージもその番組中、スタジオで拝見した。

メッセージが流される直前、番組の中で司会者から出演者に対し、メッセージの見どころと予想されるポイントについて、それぞれボードに書くように依頼があった。私が書いた言葉は「天皇陛下の責任感」。

まさにビデオメッセージは陛下の責任感が溢れ出た内容だった。

陛下は冒頭、このように語られている。

「本日は、社会の高齢化が進む中、天皇もまた高齢となった場合、どのような在り方が望ましいか、天皇という立場上、現行の皇室制度に具体的に触れることは控えながら、私が個人として、これまでに考えて来たことを話したいと思います」

メッセージのキーワードの一つは「高齢化」。「天皇もまた高齢となった場合」いかに対処すべきかについて、陛下ご自身のお考えが以下に述べられる。

ただし憲法上、「天皇という立場」にはさまざまな制約が課せられる。そこで二重の予防線が張られることになった。一つは「現行の皇室制度に具体的に触れることは控え」るということ。もう一つは「個人として……考えて来たことを話したい」と断られたこと。

まず前者は、言うまでもなく「具体的」な制度論に踏み込むと「国政に関する権能」の領域を侵すことになる。だから（おそらくご自身の具体的なプランもお持ちだろうが）、あえて「控え」られた。

後者は、憲法上の疑義を生じかねない〝国家の機関〟である天皇ではなく、その地位にある陛下「個人として」発言されるということ。したがって、この〝メッセージを公表する〟という行為の事実上の決定者は陛下ご自身であり、そのメッセージの中身も原則として内閣や宮内庁も関与せず、陛下のご本心の吐露と受け止めるべきだろう。

このように周到に憲法に抵触しないように配慮をめぐらされ、お言葉のしめくくりの部分でも、重ねてわざわざ「憲法の下、天皇は国政に関する権能を有しません」と明言された。その意味で予防線は〝三重〟に張られている。

このように厳重に予防線を張られた上で、中身の部分ではかなり分かりやすく率直にご自身のお考えを述べておられる。

それは、ご自身の体験と実践に裏打ちされた、極めてクリアな「能動的」象徴天皇像の提示――とでも表現すべき内容だ。

象徴の「役割を果たす」

天皇陛下はご即位以来、憲法に定められた「象徴」とはいかにあるべきかについて、真摯に誠実に模索されつづけて来た。その際の大切な着眼点を二つ、陛下はお言葉の中で明確にご指摘になっている。

一つは、「(天皇は)伝統の継承者として、これを守り続ける責任」が厳然とある、ということ。

もう一つは、その「伝統」を固定し、硬直化した過去の遺物、〝骨董品《こっとうひん》〟にしてしまわないで、「いかに伝統を現代に生かす」ことができるか、ということ。

とくに「日々新たになる日本と世界の中にあって、日本の皇室が……いきいきとして社会に内在し、人々の期待に応えていく」ことこそ、何よりも重要だと考えておられる点に目を向ける必要がある。

過去・現在・未来を大きく視野に収めつつ、同時代の社会の要請に極力、お心を配ろうとされているのだ。

そうしたお立場から当然、求められるのは、単に「天皇が象徴である」にとどまらず、「国民統合の象徴としての役割を果たす」〝能動的〟な天皇像にほかならない。

皇室の祖先神、天照大神《あまてらすおおみかみ》の系統を正しく受け継ぎ、歴代の天皇が継承して来た皇位の〝しるし〟である神聖な「三種の神器《じんぎ》」を保持し、まぎれもなく皇位にある天皇「である」にしても、ただそれだけでは国民〝統合〟の「象徴」としての〝役割〟を十分「果たしている」とは言えない――というのが陛下のご自身に課された厳しい〝採点基準〟だ。きちんと「重い務め」を果たしてこそ「天皇」であり、「象徴」である、と。

ではその「務め」とは？

二つの「務め」

それは陛下ご自身がこれまで三十年近くのご在位の歳月にあって、まさに「全身全霊をもって」実践なさって来たことだ。

陛下のこのたびのお言葉の中では次のように表現されている。これも二つある。

一つは「何よりもまず国民の安寧と幸せを祈ること」。

もう一つは「事にあたっては、時として人々の傍らに立ち、その声に耳を傾け、思いに寄り添うこと」。

前者の中核となるのはもちろん、皇室の神聖な祭祀《さいし》だろう。皇室祭祀については別の章でやや詳しく触れる。だが、皇室祭祀だけに限定して、狭く理解すべきではあるまい。紀《のり》宮《のみや》殿下（現黒田清子《さやこ》さま）が皇后陛下のお言葉として紹介された「皇室は祈りでありたい」（平成二年、紀宮殿下ご成年にあたっての記者会見でのご発言）という表現や、さらに皇后陛下ご自身の次のようなお言葉を踏まえて受け止めるべきだろう。

「（陛下が）絶えずご自身の在り方を顧みられつつ、国民の叡智《えいち》がよき判断を下し、国民の意志がよきことを志向するよう祈り続けていらっしゃることが、皇室存在の意義、役割を示しているのではないかと考えます」（平成七年、お誕生日に際しての文書回答）

後者が大規模な自然災害などに際し、ご自身のご負担もいとわれず、わざわざ被災地にまでお出ましになり、直接、被災者一人ひとりにお声をかけて、慰め、励まされるなどの行為を意味していることは、あらためて述べるまでもない。

天皇は三権より上位

言うまでもなく憲法上、天皇は「国事に関する行為」を義務づけられている。〝国事〟という言葉それ自体については、一般に「国家、特に一国の政治に直接かかわる事柄」（『明鏡国語辞典』）と説明されている。「国政に関する権能を有しない」とされながら、

「一国の政治に直接かかわる事柄」についての〝行為〟を要請されているのだ。憲法学者の宮沢俊義氏も「従来の日本語の用例から見ても、『国事』と『国政』とのあいだに、それほどのちがいを見出しにくい」（コンメンタール『日本国憲法』）と述べている。

一見、矛盾しているようでも、実はそうではない。何故か。

「この国事行為は内閣の助言と承認に基づいて天皇が行う行為であり、行為の意思は自然人としての天皇の意思ではなく内閣の意思であると解され、内閣が行為に対する責任を有し」ているからだ（園部逸夫氏『皇室法概論』）。つまり国事行為において天皇は「一国の政治に直接かかわる事柄」にはっきり関与されるものの、それは天皇ご本人の「意思ではなく内閣の意思」によるもので、そこでの天皇の〝役割〟はあくまで「形式上」のものにとどまる。

しかし、天皇の「役割」を考える場合、「形式」を軽視してはならない。憲法に掲げられた国事行為については、どれも首相などが〝代行〟することは一切、許されていないのだ。

国事行為の具体的な内容は次の通り。すべて国家統治上、最も重要な行為ばかりだ。

①国会の指名にもとづき内閣総理大臣を任命する（第六条）。
②内閣の指名にもとづき最高裁判所の長官を任命する（同条）。
③憲法改正、法律、政令、条約の公布（第七条）。
④国会の召集（同条）。
⑤衆議院の解散（同条）。
⑥衆議院の総選挙の施行を公示する（同条）。
⑦国務大臣、法律に定めるその他の官吏（たとえば最高裁判所の判事、高等裁判所長官、検事総長、人事官、特命全権大使など）の任免、全権委任状や大使・公使の信任状を認証する（同条）。
⑧大赦《たいしゃ》、特赦《とくしゃ》、刑の執行の免除や復権を認証（同条）。
⑨栄典の授与（同条）。
⑩批准書《ひじゅんしょ》、法律に定めるその他の外交文書（たとえば大使・公使の解任状）を認証（同条）。
⑪外国の大使・公使の接受（同条）。
⑫儀式（たとえば即位の礼、立太子の礼など。毎年恒例の行事では一月一日の新年祝賀

の儀）を行う（同条）。

⑬国事行為の委任とその解除（第四条）。

これらの国事行為から何が分かるか。憲法上、天皇は三権（立法・司法・行政）をそれぞれつかさどる国家機関（国会・裁判所・内閣）より公的秩序において〝上位〟にあることが分かる。

首相と最高裁長官を「任命」し、国会を「召集」（上位の者が下位の人々を呼び集める）されているからだ。

現に毎年一月一日、国事行為として行われている「新年祝賀の儀」では、皇居の宮殿で天皇が三権の長らから祝賀を受けておられる。この儀式では上下の関係が視覚的にも極めて鮮やかだ。

だが天皇陛下は、一国の政治上、すこぶる重大な意味をもつこうした国事行為に劣らず、さきの二つの「務め」を重視しておられる。それは何故か。

「動態」的な務め

国事行為というのは、いわば天皇が国家の公的秩序の「頂点」に位置するために、要請される役割だろう。そこでは、天皇を頂点として、その下に三権の長ら、さらにその下に……という形で壮大なピラミッド型の階層秩序を想定することができる。まさに「日本国の象徴」（憲法第一条）にふさわしい役割だ。

だが一方、天皇は「日本国民統合の象徴」（同条）とも位置づけられている。こちらは、ピラミッド型の上下関係ではなく、円の中心に天皇が位置すると考えればよい。そこでは天皇との距離は、首相も一般の庶民も、誰も彼も原則として同じ。

「一視同仁《いっしどうじん》」という言葉がある。出典は漢籍の『韓昌黎先生集《かんしょうれいせんせいしゅう》』で、「すべての人を差別なく平等に愛すること」を意味する。まさに天皇はこれまで「一視同仁」のご姿勢で国民に対してこられた。

その際に大切な意味をもつのが国民との「接点」だ。これについては、「お言葉」の中で次のように述べておられる。

「天皇が国民に、天皇という象徴の立場への理解を求めると共に、天皇もまた……国民に対する理解を深め、常に国民と共にある自覚を自らの内に育てる必要を感じて来ました」

そうした「常に国民と共にある自覚」を内面において培い、またそのおのずからなる発露として行われてきたのが、さきの二つの「務め」に他ならない。天皇陛下は、その「務め」を十分〝能動的〟に果たしてこそ、真に「天皇」であり「象徴」であり得る、という極めて厳しいご自覚をもっておられるように拝される。

これはかねて学問上の観点から、「日本国民統合の象徴」という概念について次のように述べられているのと、まさに整合する。

「『日本国民統合』は、時間の経過とともに刻一刻と変転し、流動する〈状態概念〉である……（日本国という）〈存在〉を象徴する機能と、〈状態〉を象徴する機能はおのずと違うはずである。〈存在〉の象徴は静態《パッシブ》でもよかろうが、〈状態〉の象徴はさらに動態《アクティブ》が加味されなければ、その役割を十分に果たすことができないことは自明である」（大原康男氏『象徴天皇考』）

――かくて天皇陛下にとって、「国民の安寧と幸せを祈ること」と「人々の傍らに立ち、その声に耳を傾け、思いに寄り添うこと」は、国事行為に劣らず大切な、国民〝統合〟の「象徴」としてどうしても果たすべき「務め」なのだ。

いささか図式的に整理すれば、国事行為が「日本国の象徴」としての〝静態〟的な務めであるのに対し、これらは「日本国民統合の象徴」としての〝動態〟的な務めと言えるかも知れない。

天皇陛下は、その両者を十全に果たせてこそ「天皇」たるにふさわしい、とみずからを厳格に律してこられた。

ならば「高齢」などのために、そうした務めを十分に果たせなくなった時はどうすべきか。

三つの「出口」

これまでの制度では解決のための「出口」は三つ。

一つは、とにかく〝ご公務〟を軽減する。国事行為は憲法上の規定に根拠があるから減らせない。だがそれ以外は、理論上はいくらでも減らすことができる。極端に言えば「ゼロ」にすることも可能だ。

二つ目は、国事行為の「臨時代行」の制度を活用すること。さきに掲げた国事行為の⑬に国事行為の「委任」がある。それを実際に行うために「国事行為の臨時代行に関する法律」という特別の法律もある。それには、少しややこしい印象を与えるが、こんな規定（第二条第一項）がある。

「天皇は、精神若《も》しくは身体の疾患又は事故があるときは、摂政《せっしょう》を置くべき場合を除き、内閣の助言と承認により、国事に関する行為を皇室典範（昭和二十二年法律第三号）第十七条の規定により摂政となる順位にあたる皇族に委任して臨時に代行させることができる」

実例では、これまで天皇陛下がご公務で海外にお出ましになったり、ご病気で入院されたりした時などに、皇太子殿下が国事行為を臨時代行されるケースがほとんど。皇太子殿下もやむを得ない事情がある場合は、「皇位継承の順序に従い」（典範第十七条）秋篠宮殿下がことに当たられる。

この国事行為の「委任」それ自体が天皇の国事行為とされているように、行為の〝主体〟はあくまで天皇。したがって、法律の条文にある「疾患又は事故」も、天皇ご自身の〝当事者性〟を失わせるほど深刻な程度のものとは予想されていない。
ところが三つ目の「摂政」の設置となると、事情が違ってくる。

摂政は当事者能力ナシが前提

摂政は天皇の全面的かつ半ば恒久的な代行者という重い役割のため、さきの国事行為の委任と共に、憲法にその規定がある（第五条）。

「皇室典範の定めるところにより摂政を置くときは、摂政は、天皇の名でその国事に関する行為を行ふ」

摂政についてあらかじめ理解しておくべきことがある。それは「臨時代行」の場合と違って、天皇ご自身に当事者能力、または当事者性そのものが失われた場合にのみ、はじめて摂政が設置されるということ。
摂政設置の〝要件〟は皇室典範に次のように定めている（第十六条）。

「①天皇が成年に達しないときは、摂政を置く。
②天皇が、精神若しくは身体の重患又は重大な事故により、国事に関する行為をみずからすることができないときは、皇室会議の議により、摂政を置く」

さきの「臨時代行」の要件と比べると、「疾患」が「重患」、「事故」が「重大な事故」に改まっている。だが、より注目すべきなのは「国事に関する行為をみずからすることができない」との条件が付け加えられていることだ。これは、天皇に当事者能力、当事者性が完全に失われていることを意味する。

だからその設置についても臨時代行の場合と異なり、〝主体〟から天皇ご自身は除外されている。もっぱら「皇室会議の議により」天皇のご同意なくとも設置できる〝手続き〟になっているのだ。

「摂政」論の非礼

ここで、第一報が流れた後、いわゆる保守系の知識人の一部に「生前退位でなく摂政の設置を検討すべきだ」という意見があったのを思い出す人もいるのではないか。いくつか引用してみよう。

「何よりも、天皇の生前御退位を可とする如《ごと》き前例を今敢えて作る事は、事実上の国体の破壊に繫《つな》がるのではないかとの危惧は深刻である。全てを考慮した結果、この事態は摂政の冊立《さくりつ》を以て切り抜けるのが最善だ、との結論になる」（小堀桂一郎氏）

「安易に皇室典範を変えるべきではありません。それではどうすればいいか。前例を踏襲すればいいのです。大正天皇がご病気のために皇太子裕仁《ひろひと》親王（後の昭和天皇）が摂政になられ、大正天皇が崩御なさると昭和天皇が即位されました。その形式でよろしいのではないでしょうか」（渡部昇一氏）

「どうしても必要とあらば、皇室典範第十六条第二項の『重大な事故』を柔軟に解釈して『摂政』を置き、陛下を激務から解放して差し上げるのが、法の主旨に叶い、かつ陛下のお気持ちにも添うことになろう」（百地章氏）

今となっては、一流の学者・知識人と見られていた方々が、ずいぶん見当外れなことをおっしゃっていたものだという感想以外出てこないだろう。

少しだけコメントしておくと、小堀氏が「摂政の冊立」という表現をされているのは、今の摂政の制度についての無知を示している。「冊立」というのは皇帝や天皇が詔《みことのり》（冊書《さくしょ》）によって皇太子・皇后などを定めることで、その場合、〝君主の意思と命令による〟というのがポイント。ところが先に述べたように、摂政設置については一切、天皇のご意思が介在する余地はない。「全てを考慮した結果」などとタンカを切っているわりにはお粗末。

しかし、渡部氏の方がよりヒドい。氏は大正天皇の時代に摂政が立てられた「前例」に倣《なら》えばよいと言う。だが当時、脳のご病気が進行した大正天皇がどんな状態だったか知っているのだろうか。

大正十年（一九二一）十一月二十五日に摂政を設けるに先立って、同二十二日にはこんな情景が展開されている。

「松方（正義内大臣）と牧野（伸顕《のぶあき》宮内大臣）は天皇に面会し、摂政設置の必要性と手続きについて天皇に報告し、一応了承を求めた、しかし、天皇はただ『アーアー』

と答えるだけで、『恐れながら両人より言上《ごんじょう》の意味は御会得《ごえとく》遊ばされざりし』という状態だった（『牧野伸顕日記』）」（古川隆久氏）

まことに痛ましい限りだ。まさに完全に当事者能力が失われた状態と言えよう。現在の天皇陛下のご健康で責任感に溢れるお姿を拝した時、摂政設置の可能性をもち出すこと自体、はなはだ非礼なことと言わねばならない。

「柔軟」な解釈は許されない

ついでに、皇室典範に摂政設置の要件として挙げている「重大な事故」についても、触れておく。これについては、昭和二十一年（一九四六）に「皇室典範案」が当時の帝国議会で審議されるのに先立って、法制局で作成された「皇室典範案に関する想定問答」の説明が参考になる。

「重大な事故」は皇位継承順序の変更の要件にもなっている（第三条）。それについて「想定問答」ではこう述べている。

「天皇の地位につかれることが適当でないと考えられる種類及び程度の非行乃至《ないし》重大な過

失をいふものと考へてゐる。失踪《しつそう》の如きも場合によつては含まれるものと考へる。いづれにしても、不治の重患と同様に、殆《ほと》んど絶対に回復すべからざる事故を考へてゐる」

「重患」以外では、取り返しのつかない重大な「非行」や「過失」、「失踪」といった極めて深刻な事態にだけ、天皇に当事者能力、当事者性が失われたと（皇室会議によって）判断され、摂政が立てられることになる。

その手続きの上で見逃せないのは、天皇ご自身が一切、関与できないこと。これは天皇に当事者能力、当事者性がないのが前提の制度だから当然ではあるものの、そこに一点、何としてもゆるがせにしてはならない「原則」が浮かび上がる。それは何か。天皇ご自身が全くかかわれない形で天皇の全面的かつ恒久的な代行者を立てる以上、摂政の設置要件については拡大解釈や「柔軟」な解釈は決して許されない——ということ。そうでなければ、勝手気ままに摂政を置き、天皇を事実上の〝引退〟に追い込むことが可能になってしまう。

その意味で百地氏が「『重大な事故』を柔軟に解釈して……」と述べたのは、「法の主旨に叶」わず「陛下のお気持ちにも」そむくことになろう。

保守系と見られた人々がそろって、何故こうも不遜とも非礼とも思われる意見を述べ立てたのだろうか。おそらく既存の皇室制度、または明治以降のスタイルだけを「保守」する発想しかないからだ。また、天皇陛下のご真意に想いを馳《は》せる謙虚さに欠け、前近代からの長い皇室の歴史を振り返る視野の広さも持ち合わせていなかったためだろう。その結果、陛下への〝反逆〟とも見なされかねない言説を連ねてしまった。ただし百地氏は「お言葉」公表後、潔く摂政設置論を撤回されている。

いずれにせよ、既存の制度の枠内で想定される解決のための三つの「出口」について、異例ながら陛下ご自身がお言葉の中できっぱりと拒否された。

「三つの出口」は望まない

「天皇の高齢化に伴う対処の仕方が、国事行為や、その象徴としての行為を限りなく縮小していくことには、無理があろうと思われます。また、天皇が未成年であったり、重病などによりその機能を果たし得なくなった場合には、天皇の行為を代行する摂政を置くことも考えられます。しかし、この場合も、天皇が十分にその立場に求められる務めを果たせぬまま、生涯の終わりに至るまで天皇であり続けることに変わりはありません」――

私は八月八日当日、スタジオでビデオメッセージを拝見していて、この一節に至った時、思わず息を呑んだ。〝陛下はここまでおっしゃるか！〟と。

まず、出口の一つ目「ご公務の軽減」という選択肢を、はっきりと除外された。「国事行為……を限りなく縮小」とおっしゃっていることから考えると、国事行為の「臨時代行」という二つ目の選択肢も排除されたと受け止めるべきだろう。

三つ目の「摂政設置」については、「天皇が未成年であったり……」とその設置要件を確認されることで、陛下が考えておられる今回のケースには当てはまらないことを、婉曲に示唆されている。その上で、天皇「である」だけでなく「役割を果たす」〝能動的〟天皇像からは、それが決して望ましい解決策ではないことを言い切っておられる。

陛下の強烈な主体性と厳粛な使命感、責任感を痛感させられる。

「全身全霊をもって象徴の務めを果たして」こそ――真に「天皇」たるにふさわしい。そのような崇高で峻厳なご自覚で、これまで天皇としての三十年近いご在位の歳月をすごしてこられた事実に、改めて気づかされる。

天皇陛下は今から半世紀以上も前、まだ皇太子だった三十一歳のお誕生日会見の時、記者からの「三十一歳の誕生日を迎えられるご心境は」との質問に次のように答えられている。

「何歳という区切りは私の趣味に合いません。一日一日が大事だと思います。そして、いったことは必ず実行する。実行しないことをいうのは嫌いです」(昭和三十九年十二月二十二日)

実に手厳しいお答えだ。もちろん、その厳しさはまっすぐご自身に向けられている。皇太子として、天皇として厳しい責任感をもって「一日一日」を「大事」にされ、「いったことは必ず実行する」という退路を断ったご覚悟で、日々の「務め」に全力で取り組んでこられた。

その長い歳月の果てに――

「既に八十を越え、幸いに健康であるとは申せ、次第に進む身体の衰えを考慮する時、これまでのように、全身全霊をもって象徴の務めを果たしていくことが、難しくなるのではないか」――

との実感が湧いたら一体、どう対処すべきなのか。

沈思と熟考の末に陛下が出された結論はただ一つ。それが「生前退位」だった。

「公」のための退位

これまで見てきたように、天皇陛下が生前退位を希望されているのは、決して「私的な理由」によるものではない。〝高齢化して疲れやすくなったから、もう休みたい〟とか、〝これまで長年、過酷な務めを果たしてきたから（これは事実）、そろそろ引退してのんびりしたい〟といった理由ではないのだ。そのことはお言葉の中でも次のように述べておられた。

「これから先、従来のように重い務めを果たすことが困難になった場合、どのように身を処していくことが、国にとり、国民にとり、また、私のあとを歩む皇族にとり良いことであるかにつき、考えるようになりました」――

あくまで「公」のために決断されたこと。この点を、くれぐれも見誤ってはならないだろう。

むしろ陛下にもし〝私情〟というものが、ほんのわずかでもあると仮定した場合、これまでのなさりようから勝手な想像を許していただくならば、逆に「まだまだ続けたい。体力の限り現役の天皇として国民に手を差し伸べたい」とお考えであっても、決して不思議ではない。

だが、陛下がみずから設定された〝ハードル〟は極めて高い。〝採点基準〟は実に厳格だ。そこに照らして「完璧」でなければ、「百点満点」でなければならない――とひたすら考えておられるようだ。

天皇陛下はかつて「ご自分の皇室像をどんなふうにイメージされていますか」という質問に、

「今までやってきたことを見ていただければ分かるのではないかと思います」

と回答されている（平成四年十二月二十一日）。実に自信に満ちた答え方だ。平素からあらゆる場面で全力で取り組んでおられなければ、とてもこのような答え方はできないだろう。だが陛下はそれで満足されない。

「しかし、こういうものは常に自分を省みながら、また国民の期待しているものを念頭に置きながら常によりよいものを求めていくこと、よりよいあり方を求めていくということが必要だと思います」――

更にどこまでも「よりよいあり方」を徹底して追求するご謙虚でご誠実な姿勢を貫いてこられた。

だから、高齢化に伴って安易にご公務の軽減を図ったり、「代行」を立てたりするようなやり方は、決して陛下が望まれるものではなかった。

以前、陛下は昭和から平成に変わってご公務の量が大きく増えている事実について、ご自身でこのように語っておられた。

「私は公務の量が多いとは考えていません。公務は国や国民のために行うものであり、それが望ましいものである以上、一つ一つを大切に務めていきたいと思っています。ただ、昔に比べ、公務の量が非常に増加していることは事実です」（平成五年十二月二十日）

ご公務はすべて「国や国民のために行うもの」。その拡大は国民との〝接点〟をより広げてくれる。だから「非常に増加して」も「量が多い（多すぎる）」とはお考えにならない。それが天皇として当然の「務め」だと。

にもかかわらず、「八十を越え、体力の面などから様々な制約を覚える」ようになった時、「国にとり、国民にとり……皇族にとり」最善の道を求めて――陛下はあえて生前退位の決断をされた。そしてそのお気持ちをビデオメッセージという形ですべての国民に届けられた。

どのような時にも国民と共に

陛下は八月八日のお言葉で、私ども国民に対して次のように呼びかけられたのだ。

自分はこれまで「天皇の望ましい在り方を、日々模索し」つづけて今日までやってきた。だが体力の限界が見えてきた。公務の軽減や摂政の設置などという天皇を〝名ばかり〟の存在にするやり方は望まない。だから生前退位（譲位）という形で後継者にバトンを渡し、「象徴天皇の務め」を十全なものでありつづけさせたい。「国民の理解を得られることを、切に願っています」と。

　とくに軽視してはならないのは、しめくくりの次の一節だ。

「これからも皇室がどのような時にも国民と共にあり、相たずさえてこの国の未来を築いていけるよう、そして象徴天皇の務めが常に途切れることなく、安定的に続いていくことをひとえに念じ、ここに私の気持ちをお話しいたしました」——

　これによって、陛下が望んでおられるのがご自分だけの〝一代限り〟の譲位などではないことは明らかだ。恒久的な「譲位」の制度を願っておられる。

　さらに「象徴天皇の務めが常に途切れることなく、安定的に続いていく」ためには当然、皇室そのものの存続が大前提だ。

　ところが前々から指摘されているように、今の制度のままではやがて皇室の存続そのものが危うい場面が訪れる。その理由について詳しくは別に説明する。そのような状況では、国民の中から女性が妃殿下として嫁ぐにも、二の足を踏むことになりかねない。もしそうなれば最悪、皇室の歴史は悠仁《ひさひと》殿下のご生涯と共に幕を閉じることになろう。

そのような事態を望まないのであれば、実は今のうちに手を打つ必要がある。皇室それ自体の存続のための典範改正も、いたずらに「先送り」することは許されない状況にある。陛下のお言葉には、そのことへの危機感もはっきり示されていると拝すべきだろう。

では国民は、このたびの陛下の渾身《こんしん》のご意思表示に対し、どのように受け止めるべきだろうか。

まずは「生前退位」をめぐる基本的な論点の整理から――。

第二章　生前退位を認めなかった理由

憲法改正は無用

現在の皇室典範では「生前退位（譲位）」を認めていない。しかし、天皇陛下はそれを望んでおられる。ならば、陛下のお気持ちを尊重するなら、典範を改正するしかない。

だが、一部に憲法の改正を行わなければ譲位を可能にすることはできないという声がある。「政府関係者」とか「内閣法制局など」がそのような意見を述べているとの報道もあった（八月二十二日の日本テレビのニュースなど）。

これまでに挙げられている根拠は二つ。

一つは「憲法第一条で天皇の地位は日本国民の総意に基づくと定めていて、天皇の意思で退位することはこれに抵触する」というもの。

もう一つは「『生前退位』という制度を設けることと、摂政を置くことを定めた憲法第五条との整合性」が問題になるというもの。

このことをどう考えるべきか。

まず第一の根拠は何ら取り上げるに足りない。何故なら憲法は〝特定の天皇〟だけを「国民の総意」による「象徴」としているわけではないからだ。条文に「この地位は、主権の存する日本国民の総意に基《もと》づく」とあるように、もっぱら〝国家機関としての天皇の地位〟について規定している。だから、「世襲」（第二条）の枠内であれば〝先帝崩御《せんていほうぎょ》による皇位継承〟でも〝生前退位による皇位継承〟でも、とにかく「皇室典範の定め」（同条）に従っていればよい——というのが憲法の立場だ。

では第二の根拠はどうか。これも全く問題にならない。何故なら、前章での論述からも明らかなように、典範に規定する摂政設置の要件と、陛下が持ち出された譲位の要件とは、まるで重ならない。つまり「『生前退位』という制度を設けること」がただちに「摂政」の制度を否定したり、それと矛盾・対立したりすることにはならない。よって、この点からも憲法改正の必要はない。

そもそも、これまでの政府の公式見解でも、憲法改正は不要というのが一貫した立場だ。これまで昭和四十六年（一九七一）三月十日の衆議院内閣委員会で高辻正巳内閣法制局長官が、同四十七年（一九七二）四月二十六日の参議院予算委員会第一分科会で瓜生順良《うりゅうのぶよし》宮内庁次長が、昭和五十三年（一九七八）三月十六日の参議院予算委員会で真田秀夫内閣法制局長官がそれぞれ答弁している。いずれも憲法改正は必要ないとしている。

念のために真田氏の答弁を紹介しておく。

「もちろん、学説の中には、退位は憲法上できないんだという説もないこともないのですけれども、通説としては、憲法上その退位ができるかできないかは、法律である皇室典範の規定に譲っているというふうに言われておりますから、おっしゃるとおり皇室典範の改正が必要だということに相なります」——

この答弁にもあるように、憲法学上の通説も同じく「改憲不要説」に立つ（改憲を必要と見る少数説は大石義雄氏など）。

今の横畠裕介内閣法制局長官も「憲法改正をしなければ退位が認められないということではない」と明言している（平成二十八年九月三十日、衆議院予算委員会）。

よって、譲位の制度化に憲法改正は必要ない。この点をまず確認しておこう。

ところが逆に、典範の改正すら必要ないという意見がある。特別措置法でやってしまえ、と。安倍晋三首相本人がこの考え方だという。これはどうか。

違憲の天皇？

率直に言って問題が多すぎる。と言うより、皇位の継承という重大事を特措法なんかで手軽に〝処理〟してしまおう、という発想をもつこと自体が、あまりにも不謹慎で非礼ではないか。

まず何よりも「憲法違反」の恐れが極めて強い。

前章で見たように、憲法は皇位の継承については「皇室典範の定め」に従うべし（第二条）、と規定している。その典範には「天皇が崩じたとき」の皇位継承〝だけ〟しか認めていない（第四条）。これをそのままにして特別立法で対処するのは、普通に考えたらどう見ても憲法違反。

憲法学者の中にはこんな意見もある。

「（憲法）第二条のテクストを素直に理解すれば、これは皇室典範の定めるルールによって継承順位は自動的に決まると言っているだけですので、退位について特別法という可能性はないわけではない」（長谷部恭男氏）

しかし、「典範の定めるルール」とは皇位継承の「順位」だけでなく、その〝原因〟も含まれると理解するのが当然だろう。第二条の主旨について「皇位世襲の原則を憲法上保障するとともに、皇位の継承についてすべてを国会の議決する皇室典範によって定めることとしたものである」（伊藤正己氏ほか『注釈憲法〔第三版〕』）とされていることからも、そのように言える。

皇位継承の「原因」は二つしかない。一つは「天皇が崩じたとき」（先帝崩御）。もう一つが「生前退位」（譲位）だ。今の典範はその中の前者だけを認め、明確に「天皇が生前に退位することは、許されない」（宮沢俊義氏）としている。だから、譲位を可能にするにはその規定を改めるのが、憲法が要請する当然の手続きだろう。

この点については、いささかでも憲法違反の疑念が残るようなことがあってはならない。何故なら生前退位＝譲位は次代の天皇の「即位」と一体だからだ（すでに憲法学者の木村草太氏らが疑念を表明している）。

もし万が一にも「違憲の譲位」が行われたら、それは次代の天皇にとって「違憲の即位」ということになる。違憲の即位によって皇位を継承した天皇は、畏れ多い言い方になるが「違憲の天皇」と表現するほかないだろう。

もし違憲の天皇が登場したら、論理必然的に「違憲の国事行為」が行われることになる。

〝違憲〟の天皇が内閣総理大臣を任命し、最高裁長官を任命し、閣僚を認証し、国会を召集し、法律を公布し……あらゆる重要な国家活動に対し、禍々《まがまが》しい「違憲」の烙印《らくいん》が押されることになる。それは明治以来の国是と言うべき立憲主義の「死」を意味するだろう。

そのような事態は絶対に避けなければならない。

天皇陛下は平成元年（一九八九）一月九日の「即位後朝見《ちょうけん》の儀」において、「日本国憲法及び皇室典範の定めるところにより、ここに、皇位を継承しました」と高らかに宣言された。次代の天皇の即位でも当然、その地位の尊厳と権威にかけて同じ宣言がなされねばならない。

強制退位への道

問題はまだまだある。

もし特措法で対処するなら、天皇陛下「一代限り」の譲位を可能にする〝ため〟の法律になろう。その場合、陛下ただお一人だけを適用対象とする法律ということになる。わが国の立法のあり方からして、特定の人物だけが対象という法律はあり得るのか。この点は元最高裁判事の園部逸夫氏も、次のように述べている。

「政権が、国民の一人を取り上げて何か措置することはできません。同じことで、天皇を対象とする対人法となると難しい」

憲法学者の八木秀次氏もこう述べる。

「そもそも今上《きんじょう》天皇（今の天皇）という特定の一人の方を対象にした法律をつくってもよいか、という議論があります。法は一般性をもつものですから、特定の方を対象にした法律をつくることは、近代法学の考えからすると大いに問題がある」

また、譲位を行う場合の「要件と手続き」について、厳格かつ恒久的な規定を設けることができない。するとどうなるか。もし今回、特措法一本で天皇が退位するという前例を作ってしまうと、その時々の国会の都合で、自在に特措法を通して天皇を〝交代〟させることが可能になってしまう。つまり「強制」退位への道を開くことになる。

その場合、天皇の地位は国会より下になり、天皇を三権の「上位」に置く憲法の基本的な秩序構成そのものがひっくり返る。国会を「召集」される天皇が、逆にいつでも国会によって〝クビ〟にされる立場におとしめられることになるのだ。「国民統合の象徴」がそのような地位に転落してよいのか。

「抜け穴」方式も認められない

さらに、社会の高齢化の趨勢《すうせい》は今後もつづくと見るべきだ。ならば、「天皇もまた高齢になった場合」いかに対処すべきかという課題は、決して〝一代限り〟では終わらない。今後も、二、三十年後にはまた全く同じ問題に直面することは火を見るよりも明らかだ。ここで「先送り」を図っても、それでは何の問題の解決にもならない。

そもそも天皇陛下ご自身が願っておられるのも、ご自分だけの退位なんかでないことは、さきにも見た通りだ。「役割を果たす」能動的な天皇こそ「望ましい在り方」であるとすれば、〝譲位制〟はそのために不可欠の仕組みと言わねばならない。特措法による一代限りの譲位など、陛下のお気持ちにそむくものだ。

憲法違反だけはさすがにマズいというので、典範に付則を追加し、「特別の場合」に限定して特措法で対応できるようにするとのプランが政府内部にあるようだ。それによって形式上、違憲は確かに免れることができる。だが「抜け穴」方式とでも呼ぶべき姑息なやり方だ。皇位の継承という神聖かつ尊厳な国家の一大事に対処するにふさわしいとは、とても言えない。

しかも特措法自体はやはり「対人法」の性格を免れない。譲位の「要件と手続き」について恒久的な規定を欠き、〝強制〟の可能性も払拭できない。問題の「先送り」以外の何ものでもなく、陛下のお考えとはかけ離れたものであることに変わりはない。

その上、秋篠宮殿下の位置付けという問題がまた別にある。

秋篠宮殿下のお立場は？

もし譲位が実現したらどうなるか。言うまでもなく、皇太子殿下が第百二十六代の天皇となられる。その時、秋篠宮殿下は皇位継承の順位が第二位から第一位へ。つまり「皇嗣《こうし》」（天皇の跡継ぎ）となられる。

皇嗣が「皇子《こうし》」（天皇の子、とくに男子）の場合は「皇太子《こうたいし》」、「皇孫《こうそん》」（天皇の孫）の場合は「皇太孫《こうたいそん》」（この時は皇太子が不在）と称する（典範第八条）。ところが秋篠宮殿下の場合、当たり前ながら天皇の皇子でも皇孫でもない。「皇弟《こうてい》」（天皇の弟）だ。

皇嗣である〝皇弟〟については歴史上、「皇太弟《こうたいてい》」という呼び方がある。だが皇太子・皇太孫と違って、皇室典範には皇太弟の規定が一切、欠けている。したがって、今の典範のまま（または付則の追加だけによる）特措法で譲位が行われた場合、秋篠宮殿下の位置付けが、皇嗣でありながらとくに称号も持たず、宙に浮く形になる。

典範の条文では、皇族の身分（皇籍）について、「やむを得ない特別の事由があるとき」（懲戒に値する行為があったり、皇族としてその地位を保持することを不適当とする事情が生じた場合など）、親王、内親王、王、女王は「皇太子及び皇太孫を除」き、皇室会議の議により〝離脱〟することになっている（第十一条第二項）。

このままだと、秋篠宮殿下は皇太子でも皇太孫でもないので、除外例には入らないことになってしまう。

また、皇室経済法では皇太子（同妃）、皇太孫（同妃）は「内廷」に属し、内廷費の支出対象とされている（第四条第一項）。典範上に根拠をもたないままなら秋篠宮殿下はどうなるのか。

さらに宮内庁法には東宮《とうぐう》職について「皇太子に関する事務をつかさどる」（第六条）との規定がある。皇太子が不在で皇太孫がいらっしゃる場合は当然、皇太孫に準用されるだろう。だが、典範に規定のない秋篠宮殿下の場合は一体、どうなるのか。

あるいは皇室の祭祀での役割はどうなるか。恒例の皇室祭祀は「大祭《たいさい》」と「小祭」に分けられる。

大祭では天皇・皇后両陛下、皇太子・同妃両殿下が古式の装束《しょうぞく》をお召しになり、宮中三殿の殿内にて作法をなさる。他の皇族方は洋装にて庭上の幄舎《あくしゃ》にひかえ、各殿の正面にある木製の階段の下で拝礼をなさるだけ。

大祭でとりわけ大切な新嘗祭《にいなめさい》では、神事を行う神嘉殿《しんかでん》に入るのは天皇陛下と皇太子殿下のみ。その正殿に入れるのは陛下だけ。隣の隔殿に皇太子殿下がお入りになる。

小祭の場合、天皇陛下、皇太子殿下のほかには皇族方のご参列はない。

つまり皇室祭祀の主役はもちろん天皇陛下であり、その次に重要なお立場が当然ながら皇太子殿下。他の一般の宮家の皇族方とは（秋篠宮殿下を含め）大きな隔たりがある。

そのようであれば、皇太子（皇嗣たる皇子）が不在で、しかも皇位継承順位第一位となる秋篠宮殿下の位置付けが皇室典範に欠けたままでは、祭祀の上でも支障が生じるのではないか。

このように、譲位後の秋篠宮殿下のお立場を制度上、明確化するためにも、典範の改正は避けて通れない。

なぜ特措法に逃げるのか

以上のように見てくると、譲位には憲法改正が必要だと言ってみたり、それとは全く反対に典範の改正もしないで特措法だけで可能だと言ってみたり、政府サイドから実に奇妙キテレツな（それら自体、対立し矛盾する）意見が匿名情報として継続的にリークされて来た経過は、まことに不可解と言うほかない。どうしてこんな見え透いた世論操作としか思えない下品なやり方が、こともあろうに天皇陛下のご進退という本来、厳粛かつ尊貴であるべき事柄をめぐって行われたのか。

その狙いはおよそ明らかだろう。これまでの政府見解に反し、学界の通説からも認められない「改憲必要説」をことさら流布させようとしたのは、譲位を支持する圧倒的多数の国民に「ムリだよ！」というニセモノのメッセージを届け、冷水《れいすい》を浴びせようとしたためと見られる。しかし、たちまち過去の政府答弁やこれまでの学説状況から〝あり得ない〟ことが暴露されてしまった（南野森氏ほか）。お粗末この上ない。

一方、特措法への回避論はより根深い。皇室典範それ自体の改正に手をつけると、長年の懸案だった皇室そのものの存続に直結する改正にも、当然ながら踏み込まざるを得ない。しかし、そこに踏み込むと、国民の多数からは孤立している、思考が硬直した一握りの者らの頑強かつ組織的な抵抗が予想される。それが厄介だからなるべく避けて通ろうとしているのだ。

もちろん、その者らも皇室の存続を願っていないわけではないはずだ。皇室を敬愛し、そのご繁栄を望んでいるのだろうと思われる。しかし、客観的には典範の改正にブレーキをかけ、すでに側室という〝支え〟がなくなった時代でも、ひたすら皇位継承での「男系の男子」限定に固執しつづけることで、ことさら皇室の存続を危うくしているようにしか見えない。

政府もこれまでその抵抗を過度に評価し、あまりにも腰が引けた態度で終始してきた。とくに秋篠宮家に悠仁親王殿下がお生まれになって（平成十八年）以来、本質的な危機は何ら解決していないにもかかわらず、一貫して典範改正を「先送り」しつづけてきた。野田政権の時、中途半端な形で「女性宮家」の検討に手をつけようとしたものの、政権交代であえなく頓挫してしまった。

かくて「十年間」もの歳月、皇室の存続に向けた具体策は一ミリも前に進まずに今日に至った。

が、やっと先ごろの天皇陛下のお言葉で典範改正の気運が高まろうとしている。にもかかわらず、安倍政権はまたしてもこの緊急かつ切実な課題から目をそむけ、逃げようとしている。それが、こともあろうに皇位継承という重大事を憲法違反または「抜け穴」方式による特措法で〝処理〟しようという、非常識な対応への素地となっているのだ。

皇室の存続をいかに図るかというテーマについては、別の章でやや詳しく取り上げる。ここで確認しておくべきは、そのような動機で、譲位のための典範改正を避ける（または〝抜け穴〟を作る）のは、本末顚倒《てんとう》であり、皇室への侮辱以外の何ものでもない——ということ。

だがここで一度、立ち止まって丁寧に吟味しておくべき論点がある。それは明治以来、譲位という選択肢が認められなかった「理由」は何か、という問いだ。これをおろそかにしては前に進めない。

前近代は生前退位が標準的

もちろん、前近代に「生前退位」の実例がなかったのではない。むしろ皇位継承の形としては、こちらの方が〝標準的〟だった時代が長くつづいていたのが実情だ。これについては、山川出版社の『日本史広辞典』の「譲位」の項にこんな記述がある。

「日本では生前譲位を原則とし、在位中に崩御した場合も喪《も》を秘して譲位を行った。……」

「喪を秘して」というのは、実態は〝崩御による皇位継承〟なのに形式上〝譲位による〟ごとく装うのだ。具体例としては、⑴第六十八代後一条天皇崩御後の後朱雀天皇の即位、⑵第七十代後冷泉《ごれいぜい》天皇崩御後の後三条《ごさんじょう》天皇の即位、⑶第七十三代堀河《ほりかわ》天皇崩御後の鳥羽《とば》天皇の即位が知られている。

あるいは、皇位継承に伴う重大な祭儀である大嘗祭《だいじょうさい》の執行について、平安時代の法令集『延喜式《えんぎしき》』には次のように規定していた。

「七月以前に即位したら、その年に（大嘗祭を）執行せよ。八月以後の即位ならば、翌年に執行せよ。〈ただし、これは譲位による即位の場合で、崩御による即位についいてではない〉」

これは他の文献にも見える書き方で、長く規範となったと考えられる。

譲位が常態だったのは、天皇が譲位しないで崩御した時の貴族の日記に、(第百三代後《ご》土御門《つちみかど》天皇の崩御について)「もっとも無念のことなり」(『和長卿記《かずながきょうき》』)とか「およそ珍事なり」(『後法興院政家記《ごほうこういんまさいえき》』)などと記されていることからも分かる。

現に譲位が行われなかった原因が、朝廷の財源不足だったというケースもしばしばある。

譲位の実例

参考までに歴史上、譲位を行った天皇を列挙しておこう(カッコ内は在位期間)。

①35代皇極《こうぎょく》 天皇 (六四二～六四五)
②41代持統《じとう》天皇 (六九〇～六九七)
③43代元明《げんめい》天皇 (七〇七～七一五)
④44代元正《げんしょう》 天皇 (七一五～七二四)
⑤45代聖武《しょうむ》天皇 (七二四～七四九)

⑥46代孝謙《こうけん》天皇（七四九～七五八）
⑦47代淳仁《じゅんにん》天皇（七五八～七六四）
⑧49代光仁《こうにん》天皇（七七〇～七八一）
⑨51代平城《へいぜい》天皇（八〇六～八〇九）
⑩52代嵯峨《さが》天皇（八〇九～八二三）
⑪53代淳和《じゅんな》天皇（八二三～八三三）
⑫56代清和《せいわ》天皇（八五八～八七六）
⑬57代陽成《ようぜい》天皇（八七六～八八四）
⑭59代宇多《うだ》天皇（八八七～八九七）
⑮60代醍醐《だいご》天皇（八九七～九三〇）
⑯61代朱雀《すざく》天皇（九三〇～九四六）
⑰63代冷泉《れいぜい》天皇（九六七～九六九）
⑱64代円融《えんゆう》天皇（九六九～九八四）
⑲65代花山《かざん》天皇（九八四～九八六）
⑳66代一条《いちじょう》天皇（九八六～一〇一一）

㉑67代三条《さんじょう》　天皇（一〇一一〜一〇一六）
㉒69代後朱雀天皇（一〇三六〜一〇四五）
㉓71代後三条天皇（一〇六八〜一〇七二）
㉔72代白河《しらかわ》天皇（一〇七二〜一〇八六）
㉕74代鳥羽天皇（一一〇七〜一一二三）
㉖75代崇《す》徳《とく》天皇（一一二三〜一一四一）
㉗77代後白河天皇（一一五五〜一一五八）
㉘78代二条《にじょう》天皇（一一五八〜一一六五）
㉙79代六条《ろくじょう》　天皇（一一六五〜一一六八）
㉚80代高倉《たかくら》天皇（一一六八〜一一八〇）
㉛82代後鳥羽天皇（一一八三〜一一九八）
㉜83代土御《つちみ》門《かど》天皇（一一九八〜一二一〇）
㉝84代順徳《じゅんとく》　天皇（一二一〇〜一二二一）
㉞85代仲　恭《ちゅうきょう》　天皇（一二二一〜一二二一）
㉟86代後堀河天皇（一二二一〜一二三二）

㊱88代後嵯峨天皇（一二四二～一二四六）
㊲89代後《ご》深草《ふかくさ》天皇（一二四六～一二五九）
㊳90代亀山《かめやま》天皇　（一二五九～一二七四）
㊴91代後宇多天皇（一二七四～一二八七）
㊵92代伏見《ふしみ》天皇　（一二八七～一二九八）
㊶93代後伏見天皇（一二九八～一三〇一）
㊷95代花園《はなぞの》天皇　（一三〇八～一三一八）
㊸96代後醍醐天皇（一三一八～一三三九）
㊹98代長慶《ちょうけい》天皇（一三六八～一三八三）
㊺99代後亀山天皇（一三八三～一三九二）
㊻100代後《ご》小《こ》松《まつ》天皇（一三八二～一四一二）
㊼102代後花園天皇（一四二八～一四六四）
㊽106代正親町《おおぎまち》天皇（一五五七～一五八六）
㊾107代後陽成天皇（一五八六～一六一一）
㊿108代後《ご》水尾《みずのお》天皇（一六一一～一六二九）

51 109代明正《めいしょう》天皇（一六二九～一六四三）
52 111代後西《ごさい》天皇（一六五四～一六六三）
53 112代霊元《れいげん》天皇（一六六三～一六八七）
54 113代東山《ひがしやま》天皇（一六八七～一七〇九）
55 114代中御門《なかみかど》天皇（一七〇九～一七三五）
56 115代桜町《さくらまち》天皇（一七三五～一七四七）
57 117代後桜町天皇（一七六二～一七七〇）
58 119代光格《こうかく》天皇（一七七九～一八一七）

以上、五十八代におよぶ。これらの中には異例の退位もあるが一々は解説しない。また歴代の天皇に数えられない、南北朝時代の「北朝」の五代の天皇はすべて譲位している。念のために掲げておく。

北朝1光厳《こうごん》天皇（一三三一～一三三三）
同2光明《こうみょう》天皇（一三三六～一三四八）
同3崇光《すこう》天皇（一三四八～一三五一）
同4後光厳天皇（一三五二～一三七一）

同5後円融天皇（一三七一～一三八二）

これらも含めると総計六十三代にも達する。

つまり前近代では生前退位（譲位）はごく「普通」の皇位継承の形だった。ところが明治以降は制度上、一〇〇パーセント排除されることになった。それは何故か。

なぜ譲位を認めないか

戦後、政府は制度上、譲位を認めていない理由について、以下のように説明してきた。

「一つは、退位ということを認めますと、これは日本の歴史上いろいろなことがあったわけでございますが、例えば上皇とか法皇というような存在が出てまいりましていろいろな弊害を生ずるおそれということが第一点。それから第二点目は、必ずしも天皇の自由意思に基づかない退位の強制というようなことが場合によったらあり得る可能性があるということ。それから第三点目は、天皇が恣意的に退位をなさるというのも、象徴たる天皇、現在の象徴天皇、こういう立場から考えまして、そういう恣意的な退位というものはいかがなものであろうかということが考えられるということ、こ

れが第三番目の点」（平成四年四月七日、参議院内閣委員会での宮尾盤宮内庁次長の答弁）

つまり⑴上皇が存在することによる弊害、⑵退位の強制がおこりかねない、⑶逆に勝手気ままな退位も困る、という三点だ。

また高尾亮一氏『皇室典範の制定経過』には次のような指摘がある。

「仮り《ママ》に退位の自由をいかなる形式にせよ認めることとすれば、相対的に不就位の自由も認めなければ首尾一貫したものと言い難い。……血統による継承において不就位の自由を規定したならば、その確認のために空位又は不安定なる摂位（君主に代わって位につく――引用者）という事実の起るのを防止できず、万一継承者のすべてが就位を拒否するという事態に至るならば、天皇という制度は存立の基礎を揺り動かされることになるのである」

「退位の自由」は「不就位の自由」、つまり天皇として即位しない自由とセットでなければならず、そのような自由を認めたら〝世襲〟それ自体が成り立たなくなりかねない、と言うのだ。

では、そもそも明治の皇室典範で初めて制度上、譲位が排除された理由は何だったのか。伊藤博文の『皇室典範義解《ぎかい》』には、権力を握った臣下《しんか》（君主に仕える人）が強制的に退位を迫ったり、それによって皇室の血統が分裂して「南北朝の乱」の原因になったりした弊害を（いささかコジツケ気味だが）指摘する。

さらに皇室法研究会『現行皇室法の批判的研究』では、より根本的な解明がなされている。

「論理の上から言えば、天皇が即位なさるといふことが、もともと私的自由意思に基くものではなく、皇祖皇宗《こうそこうそう》（皇室の初代以来の代々の祖先—引用者）の意思に基き、御自身のためでなく、日本国のためになさる行為である。それがただ一私人と同じく、皇祖皇宗の意思でもなく、日本国のためでもなく、御自身の意思で、御自身のために退位なさることは、論理が立たないことになるとされた」

さて、以上のような譲位「否定」論について、どのように考えるべきだろうか。

譲位否定論は成り立たない

結論をさきに言えば、どれも今さら改めて取り上げるほど価値はないだろう。つまり現時点ではもはや譲位「否定」論は成り立たない。どうしてそう言えるのか。これから一つ一つ説明していこう。

まず『批判的研究』の「論理」から。

そこでは「ただ一私人と同じく……御自身の意思で、御自身のために退位なさること」は認められない、としていた。しかし、天皇陛下がお言葉でおっしゃったのはそうではない。

「御自身の意思」といえば、一面では確かにその通りではあっても、ただ〝やめたくなったから〟という恣意的な理由ではない。「社会の高齢化が進む中、天皇もまた高齢となって」て「全身全霊をもって象徴の務めを果たしていくことが、難しくなった」った時には、潔く皇位を退くべきではないかという、〝普遍的〟な基準に立脚したご判断を述べておられるのだ。

その意味では、本質的には「御自身の意思」というより、「高齢」のための「衰え」によるものだ。

だからもちろん、「一私人と同じく……御自身のために退位なさる」のではない。前章で見たように、むしろ「国にとり、国民にとり……皇族にとり」「どのように身を処していくことが……良いことであるか」という極めて〝公的〟な問題意識によるものだ。

陛下が考えておられる譲位というのは、端的に言えば「御自身のためでなく、日本国のためになさる行為」そのものだろう。つまり即位が国のため、国民のため、「公」のためになされるのと、全く同じ意味をもつ。

よって、『批判的研究』が示した譲位「否定」の根拠は、少なくとも陛下の考えておられる〝譲位制〟には当てはまらない。

では、これまでの政府見解はどうか。伊藤博文のロジックもこれに吸収されるので一括して検討する。

「院政」の恐れはない

これまでの政府見解で示された三つの理由の一つは「上皇……というような存在が出て

まいりましていろいろな弊害を生ずるおそれ」。

はなはだ漠然とした表現だ。ただちに想像できるのは、退位した上皇が政治の実権を握った「院政」だろう。

だがもちろん、院政は特定の歴史段階における特定の社会的条件下でこそ、実際に機能し得た政治形態だ。それがそのまま〝再現〟されるようなことはあり得ない。それでも、何らかの似かよった現象は現れないだろうか。

たとえば今後、譲位が可能になれば、上皇と天皇は〝私的〟には親—子とか兄—弟などの関係がほとんどだろう。その場合、天皇が上皇に対し、私的にさまざまな配慮をなさるだろうことは当然、予想できる。それがエスカレートして〝院政〟的な形が出てくるとか……。

あるいは「天皇の務め」についても、上皇の方がより熟知し経験豊富。だから天皇が上皇の〝知恵〟を借りるような場面も想像できる。そうした関係がエスカレートして……。

しかしどちらも、院政的な上皇〝主導〟のご公務の遂行がなされるような事態に発展するとは、考えられない。

まず国事行為は憲法上、天皇〝だけ〟しかなさることができない。天皇がなさるべきその他のご公務も、これまでの慣例によって種類も範囲も定まっている。万が一上皇ご自身にその気がおありでも、今さらそこに介入できる余地はない。しかもそれらは全て〝内閣の責任〟によって行われる。

今の憲法下で「院政」的な弊害が生じる可能性はほぼ皆無だ。

そもそも陛下の「譲位」の動機自体が、天皇は自らその〝務め〟を果たすべきだとのお考えにもとづく。だから陛下が次代の天皇に無用の干渉をされるなど、あり得ない。むしろ経験豊かで見識に富む上皇から、内々にさまざまなアドバイスやサポートを得られることは、これまでにない貴重なメリットだろう。

だが国民精神上の問題はどうか。さきに取り上げた『現行皇室法の批判的研究』にも、次のような指摘がある。

「天皇以外に在世の先帝の存在されることは、長いいくたの歴史の実績によって見るに、国民精神の統合といふ点から、はなはだしく制度的に好ましくない」

陛下が「上皇」の手本に

言うまでもなく長年、天皇の務めを果たしてこられた上皇に対する国民一般の敬愛の念は深い。その精神的な求心力、統合力も卓越したものだ。となると、「国民統合の象徴」である天皇との間に、微妙な〝対抗〟的構図が生まれないとも限らない。

端的に言って、上皇が存在することで国民の精神的な統合に支障が出るのではないか。

そのような懸念には、しかるべき根拠がある。上皇が天皇に在位中、「全身全霊」で天皇としての役割を果たしておられればおられるほど、そうした〝分裂〟の恐れは強くなる。

しかしここで、そうした一般論、抽象論を離れて、現実的、具体的に考えてみたらどうか。

具体的には譲位されるのは、他でもない今上陛下だ。陛下への国民の敬愛の情は並外れている。世界の国家元首と比べても、その求心力、統合力は図抜けて高いだろう。まさに誠心誠意「重い務め」を果たしつづけてこられた歳月の裏付けがあるからだ。

しかし陛下は、さっき述べたような懸念は十分、ご存知でいらっしゃる。と言うより、そのことを他の誰よりも切実に心配していらっしゃるのは、まぎれもなく陛下ご本人であるはずだ。

そうであれば、陛下のこれまでのなさりようから考えても、〝国のため、国民のため、皇族のため〟にマイナスになるような振る舞いは、絶対に避けられるに違いない。

むしろ、新しい天皇を中心とした国民の統合がより万全なものとなるよう、最善を尽くしてバックアップされ、サポートされると予想するのが自然だろう。譲位されるのが他の誰でもない、今上陛下だという事実を見落としてはならない。

しかもそれが、新しい時代の「譲位」の〝最初〟の例になる。譲位後に上皇として振舞われる陛下のなさり方が、今後の代々の上皇の手本となり、模範となるのだ。

ご聡明でご誠実な陛下がなさることが、すべて後代へのゆるぎない規範となる。ならば、「国民精神の統合といふ点から」も特段に深刻な不安材料はないこととなろう。

よって、政府の説明にある「上皇」が存在することによる「弊害」は譲位を排除する理由としては説得力をもたない。では、他の二つの理由はどうか。

強制と恣意的退位の防ぎ方

二つ目の理由である「強制」退位の可能性はどうか。

確かに過去にそうした実例はあった。帝国学士院編『帝室制度史』第三巻には、その実例を列挙してある。類型としては、およそ五種類。(1)上皇の意思によるもの。(2)母后の意思によるもの。⑶権勢ある臣下の圧迫によるもの。⑷幕府の干渉によるもの。⑸朝廷の貴族らの合議によるもの。これらのほか、孝謙上皇の意思によって淳仁天皇を「廃位」（君主をその位から去らせること）した異例もある（上皇にはならず廃帝とされる）。

こうしたことが繰り返されるべきでないのは言うまでもない。現在の皇室典範で言えば、「摂政」の設置要件を〝柔軟〟に拡大解釈するような無法が許されるならば、事実上の強制退位が可能になってしまうだろう。もちろん、そんなことをさせてはならない。では、そうした例を繰り返さないために、譲位という選択肢はやはり除外すべきなのか。

そうではあるまい。典範に譲位の「要件と手続き」を明記することで〝強制〟の可能性を排除することは決して難しくない。どう規定すればよいのか。すでに今の典範でも使われている表現で「その意思に基き」という言い方がある。この条件を入れておけば法的に〝強制〟は排除できる。

これは、三つ目の理由の「恣意的」（勝手気まま）な退位にも、同じように当てはめることができる。つまり譲位の「要件と手続き」の設定の仕方で、しっかり対応できるのだ。具体的には、「皇室会議の議により」譲位は可能となるようにすればよい。

皇室会議というのは、典範によって設置され、内閣に置かれた国家機関。皇族二人、衆参両院の正副議長、内閣総理大臣、宮内庁長官、最高裁の長官と裁判官一人の計十人で構成される（典範第二十八条）。皇位継承順序の変更（同第三条）や摂政の設置（同第十六条第二項）などの重要事項を決定する権限をもつ。よって当然、譲位についても皇室会議が関与すべきだろう。

皇室会議が関与する場合、二つのタイプがある。一つは「皇室会議の議を経る」というタイプ。もう一つは「皇室会議の議により」というタイプ。両者はどう違うのか。法制局「皇室典範案に関する想定問答」にこう説明している。

「皇室会議が発議権及び決定権を持つ場合『議により』とし、他に成立している行為について皇室会議が承認乃至同意を与へその他これに関与する場合を『議を経る』とした」

つまり「議により」では皇室会議に最終的な「決定権」がある。よって、これを譲位にも適用すると〝恣意性〟を排除することができる。

ところで、さきの「その意思に基き」と今の「皇室会議の議により」は一見、互いに矛盾し対立しているように感じられるかも知れない。だが典範にはすでに次のような条文がある（第十一条第一項）。

「年齢十五年以上の内親王、王及び女王は、その意思に基き、皇室会議の議により、皇族の身分を離れる」

ご本人の意思を前提としつつ、皇室会議の議決によって「決定」するという手続きだ。強制と恣意性の両者を除外できるルールになっている。ただし、皇族の身分からの離脱は出席議員の過半数の議決だが、譲位の場合は皇位継承順序の変更や摂政の設置などと同じく出席議員の三分の二以上の議決、またはより厳しい条件が求められるだろう。

以上によって、政府がこれまで挙げていた譲位を認めない三つの理由はすべてクリアされたことになる。

では、その他の理由はどうか。

即位の辞退は可能

高尾亮一氏は、「退位の自由」は「不就位（即位辞退）の自由」とセットだから「天皇という制度」の「存立の基礎を揺り動か」すと述べていた。だが上述の「要件と手続き」によれば、皇室会議の「議による」退位だから、その前提がくつがえる。さらに陛下が考えておられる譲位も〝高齢による衰え〟が一義的な理由だから、その点でも議論の土台が違ってくるだろう。現在の皇室典範が制定された当時は、「社会の高齢化」など全く予想外だったからだ。かくて、譲位を拒否すべき確たる理由は、何一つ存在しないと結論づけることができる。

しかも一点、ややもすれば見落としがちな事実がある。それは今の制度でも事実上、「不就位の自由」はあるということだ。これまでほとんど気づかれていないから、怪訝《けげん》に思う人もいるかも知れない。だが確かな事実だ。

皇室典範第三条には次のような規定がある。

「皇嗣に、精神若しくは身体の不治の重患があり、又は重大な事故があるときは、皇室会議の議により……皇位継承の順序を変えることができる」

ここで注目すべきは「重大な事故」。これがどのような事態を予想した語であるかは、前章で法制局の「想定問答」の解説を紹介した。

一つの仮定を立ててみよう。皇嗣が、即位を望まれなかった場合。「天皇になると、これまで以上にあらゆる自由が制約される。その上、極めて重い責任を背負い、過酷な公務が課せられる。自分はそのような大任にはとても耐えられない」——そう思われて即位を固辞しつづけ、国事行為も一切、辞退しつづけられたら。

元号を改めることもできず、法律も政令も公布されず、枢要な国家活動はすべてたちまちマヒしてしまう。むろん、経済活動にも巨大な悪影響をおよぼすだろう。政府はそのような状態を放置することはできない。

皇室会議の議長である内閣総理大臣は同会議を招集し、〝皇嗣に重大な事故あり〟と認めて、その「議により」皇位継承の順序を変更するほかないだろう。

つまり、このようにして今の制度のままでも、実は「不就位の自由」は事実上、存在するのだ。にもかかわらず天皇陛下は国民のために、その〝自由〟を行使されず、即位して下さったというのが実情だ。第百二十四代の昭和天皇から第百二十五代の今上陛下への皇位の継承は、決して「自然現象」でも、唯一不可避の事態の推移でもなかった。天皇陛下ご自身の「主体的」なご決断によってこそ、はじめて可能になったのだ。

「自由」を断念された陛下

この事実について、すでに平成元年（一九八九）に次のように洞察された人がいた。

「もし新帝（今の陛下——引用者）が無限の責任を負ふやうな立場につくのは嫌だとおほせられたらどうするのか。

新帝は学習院に育ち、自由といふものについても、人生の楽しみがどのやうなものかも知つていらつしやる。それなのに自分のたつた一度の生涯を犠牲にして、最も不自由な地位である皇位に就いて下さつた。自分は公の為に生まれたのだとお認めいただけたのだ。それだけでもう涙が出るほど有難いことではないか」（葦津《あしづ》珍彦《うずひこ》氏）

天皇陛下ご自身も後年、このことについて以下の通り明言されている。

「日本国憲法には、皇位は世襲のものであり、また、天皇は日本国の象徴であり日本国民統合の象徴であると定められています。私は、この運命を受け入れ、象徴としての望ましい在り方を求めていくよう努めています。

したがって、皇位以外の人生や皇位にあっては享受できない自由は望んでいません」(平成六年六月四日)

このように、ご自身の「自由」を断念して国民のために即位して下さった陛下が今、譲位を望んでおられる。

それは「象徴としての望ましい在り方を求めていく」陛下のこれまでのご努力の到着点とさえ言えるものかも知れない。

第三章 生前退位を認めるべき根拠

四つの視点

天皇陛下は譲位を望んでおられる。それもご自身一代限りの譲位ではない。「安定的」な譲位の制度を望んでおられることは明らかだ。

前章では、明治以降、譲位という選択肢が制度の上で排除されてきた理由について、一つ一つ吟味を加えた。その結果、陛下がこのたび願っておられる「譲位」制を否定するに足る根拠はないとの結論に達した。

それを踏まえて、譲位制をむしろ積極的に採用すべき理由について、私なりの視点から整理しておく。

大きく言って四つの立場から主張できるはずだ。

その一は「憲法の要請」という立場。

その二は「人道上の要請」という立場。

その三は「民主主義の要請」という立場。

その四は「大義名分上の要請」という立場。

まず「憲法の要請」とはどういうことか。

至ってシンプルな話だ。憲法は「天皇は象徴であるべし」と定めている。それは天皇に対して〝象徴に相応しく行動すべし〟と「要請」しているに他ならないだろう。しかし、「高齢」による「衰え」はそれを困難にする。したがって、譲位による世代交代は、それ自体、憲法が予想し、要請するところだろう――ということ。もう少し丁寧に説明しよう。

憲法は、天皇を「国民とは異質な存在として、国民の民主的統治組織の外におき、それに象徴としての地位と職能を賦与《ふよ》」している（法学協会編『註解日本国憲法』）。では、天皇が「象徴」としての役割を果たすためにはどうすればよいのか。

「天皇がこの役割を果たすために、天皇の側で何らかの行為をする必要があるわけではない。天皇の存在それ自体が、象徴としての役割を果たすのである」（野中俊彦氏ほか『憲法Ⅰ〔第四版〕』第三章、高橋和之氏執筆）

憲法学者はこんなことを述べる。ならば天皇はただ「存在」するだけで何もしなくてよいのか。そんなことなら、人間である天皇を「象徴」に定めた意味はどこにあるのか。

そういう問いを予想したのか、以下のような説明も付け加えている。

「しかし、天皇が象徴としての役割をより良く果たしうるためには、国政の重要な局面で天皇の存在を印象づけるのがよい。そこで……国事行為を天皇の権限として定めたのである」（同）

だが、国民との具体的な接点がほとんどない「国事行為」を行うだけで、「より良く」象徴の役割を「果たしうる」のか。それだけで本当に「国民の多くは、天皇を見たり考えたりすることを通じて……目に見えない……日本国あるいは日本国民の統合体を感得・想起し、自己がその構成員たることを意識するであろう」（同）なんて具合になるのか。机上の空論と言うほかない。

天皇の「公的行為」

一般的に――

「天皇は……異なる要素を含む国や国民が統一体であることを強化し、その分裂を防ぐという機能を与えられている」(伊藤正己氏ほか『注釈憲法〔第三版〕』)

——と言われても、その〝機能〟を具体化するには、それに相応しい「行為」が求められるはずだ。それは、天皇陛下が八月八日のお言葉で「象徴の務め」とおっしゃられたものと、ほぼ重なるだろう。

天皇の行為については、三種類に分けるのが政府見解であり、学界の通説だ。その三種類は次の通り。

(1)国事行為——憲法に具体的に規定され、内閣の助言と承認を必要とする。

(2)公的行為——天皇の「象徴」もしくは公人としての立場による行為で、責任は内閣が負う。

(3)その他の行為——公的性格の濃いものから純然たる私的行為までを含む。責任はケースごとに内閣または宮内庁が負う。

その中身について、(1)の国事行為はすでに紹介したので、他のものについて簡単に触れておこう。

(2)の公的行為とは具体的にどのようなものか。アトランダムに挙げてみる。

●国会開会式へのお出ましと「お言葉」(国会の「召集」自体は国事行為)。
●「親任式」「認証式」へのお出まし(首相らの任命、閣僚らの認証それ自体は国事行為。認証式(認証官任命式)は大使や最高裁判事らも含め年間十数回程度)。
●各種の「拝謁《はいえつ》」など(拝謁は公式にお会いになること。非公式の場合は「ご会釈《えしゃく》」。年間に拝謁がおよそ九十回前後、ご会釈が七十回前後か)。
●宮中晩餐《ばんさん》会の主宰(年間二回前後)。
●外国の元首や王族らとのご会見。その他の外国賓客のご引見(年間三十回から六十回程度)。
●外国ご訪問。
●オリンピックなど国際大会の名誉総裁へのご就任。
●「全国植樹祭」(四〜六月頃)、「国民体育大会」(九〜十月頃)、「全国豊かな海づくり大会」(九〜十一月頃)など各地の催しへのお出まし。
●「新年一般参賀」(一月二日。平成二十八年は八万二千六百九十人が参加。一月一日の「新年祝賀の儀」は国事行為)。
●「講書始《はじめ》の儀」(一月十日前後)。

●「歌会始の儀」（一月十五日前後。毎年、広く国民から二万首前後の和歌が寄せられる）。
●「園遊会」（四月・五月頃と十月・十一月頃）。

等々——。

しかし一般の国民にとっては、ここに列挙したものよりもっと印象深い「公的行為」があるのではないか。「被災地へのお出まし」と「戦跡への慰霊の旅」だ。

被災地へのお出ましは「特別」

今の天皇陛下のご公務の中で、人々の心に最も鮮やかに刻印されているのが「（発生直後の）大規模災害の被災地へのお見舞い訪問」ではないか。

昭和天皇の時代には、占領下にあって戦争の傷跡に苦しみ悩む国民を慰め、励ますために、全国への巡幸《じゅんこう》が行われた。それは昭和二十一年（一九四六）二月に神奈川県を訪れられたのを皮切りに、同二十九年（一九五四）八月の北海道へのお出ましまでつづけられた。行程はトータルで三万三千キロ、総日数百六十五日におよぶ壮大な事業だった。昭和天皇を迎えた国民は「日本は滅んでいない」という実感をもち、未来への希望と勇気を与えられた。このことが戦後日本の復興にもたらした貢献は極めて大きかった。

ただし、自然災害の被災地に昭和天皇が直接お出ましになって、被災者を励まされた例は少ない。これまで私が承知しているのは、昭和二十二年（一九四七）九月のキャサリン台風の際に東京都と山梨県の被災者、行政関係者を慰問されたのと、昭和六十二年（一九八七）六月にご体調の悪い中、伊豆大島の噴火で被害を受けた現地を訪れ、住民を激励された事実くらいだ。

これに対し、今上陛下ご自身が被災地にお見舞いに入られることは、それが「特別」なことであるのをつい見落としてしまうほど、多い。

最初は平成三年（一九九一）七月の長崎県の雲仙・普賢岳の大火砕流被災地へのお出ましだった。まだ警戒警報が解除される前の現地入り。陛下の被災された人々への強いお気持ちの表れと言うほかない。お帰りのバスの窓ごしに、皇后陛下が手を強く握るしぐさで地元の人々を元気づけておられた映像を覚えている人もいるだろう。

その後、北海道南西沖地震（平成五年）、阪神・淡路大震災（同七年）、新潟県中越地震（十六年）、同県中越沖地震（十九年）、東日本大震災（二十三年）、さらに今年（二十八年）四月の熊本地震などに際し、いずれも現地の事情が許し次第、できるだけ早く現地に赴いておられる。

東日本大震災の時などは、ご高齢でしかもご病余の陛下が、皇后陛下とご一緒に毎週、被災各県にお入りになって、現地の人々を慰め、励ましておられたお姿に、一種悲壮なご覚悟のようなものを感じ取り、「天皇とはこのようなご存在なのか」と改めてその厳粛な責任感に驚いた人もいたはずだ（この時、陛下はご無理が祟《たた》って十一月上旬から気管支肺炎で約三週間入院された）。

震災直後、陛下の異例のビデオメッセージで（昭和二十年の終戦の「玉音放送」以来、初めて）全国民に直接、呼びかけられた。

「被災者のこれからの苦難の日々を、私たち皆が、様々な形で少しでも多く分かち合っていくことが大切であろうと思います。被災した人々が決して希望を捨てることなく、身体《からだ》を大切に明日からの日々を生き抜いてくれるよう、また、国民一人びとりが、被災した各地域の上にこれからも長く心を寄せ、被災者と共にそれぞれの地域の復興の道のりを見守り続けていくことを心より願っています」（平成二十三年三月十六日）と。

人々の傍らに

以前、皇后陛下がこのようにおっしゃっていた。

「常に国民の関心の対象となっているというよりも、国の大切な折々にこの国に皇室があって良かった、と、国民が心から安堵《あんど》し喜ぶことのできる皇室でありたいと思っています」（平成八年お誕生日の文書回答）

大規模災害の際の両陛下の壮絶なまでの無私で献身的なお姿は、平素から国民に寄せておられるお気持ちの、ごく自然な発露でしかないのだろう。陛下が「事にあたっては、時として人々の傍らに立ち、その声に耳を傾け、思いに寄り添う」とおっしゃったのは、おもにこのことを指しているだろう。

そのことが、苦しみと悲しみに打ちひしがれた多くの人々に、勇気と希望の光を取り戻すきっかけを与えた事実を、私どもは知っている。

このようなご献身の事実があって〝こそ〟、「国民の多くは、天皇を見たり考えたりすることを通じて……日本国民の統合体を感得・想起し、自己がその構成員たることを意識する」のではないか。

「異なる要素を含む国や国民が統一体であることを強化し、その分裂を防ぐという機能」も、そうした〝行為〟があってこそ真に力を発揮できるのではないか。

沖縄への思い

「分裂を防ぐ」という点では、沖縄に寄せられる陛下のお気持ちも見すごせない。

言うまでもなく、沖縄は先の大戦で激戦の地となり、多くの住民の命が失われた。さらに戦後も長くアメリカの施政下に置かれ、本土復帰後も広大な米軍基地が残った。そうした他の地域とは異なった経緯から当初、地元の人々の本土や皇室に対する感情も、極めて複雑だった。

陛下が皇太子時代に初めて沖縄に入られた昭和五十年（一九七五）当時は、「反天皇の島」とも見られていた。

最初のお出ましは、沖縄国際海洋博覧会の開会式に出席されることが主目的とされていた。だが陛下ご自身にとっては、むしろ戦争で亡くなった人たちの慰霊のために、南部の戦跡を訪れられることが最大のご希望だった。さる沖縄の専門家は「（南部に行くと）何が起こるか分かりません」と警告していた。それに対し、陛下は「何があっても受けます」とおっしゃっていたという。

現地で「ひめゆりの塔」への拝礼を終えられた直後、地下壕にかくれていた過激派の二人が火炎ビンを投げつけ、皇太子・同妃両殿下（今の両陛下）のすぐ近くで炎が燃え上がるという事件が起こった。ご一命にかかわるような重大事件だ。

これが陛下と沖縄の最初の「出会い」だった。最悪のスタートと言ってよい。

心を寄せ続けていく

事件後、両殿下は何事もなかったかのように、予定どおり「魂魄《こんぱく》の塔」「健児の塔」などを巡拝された。そのお姿を間近く拝した屋良朝苗《やらちょうびょう》沖縄県知事は、左翼系の人物と見られていたが、「あれほど敬虔《けいけん》な態度で参拝された方は、ご夫妻以外おられない」と涙を流した。

遺族と会われた時も、炎熱のさなかにダークスーツで居住まいを正され、流れる汗に一度もハンカチを使われなかった。遺族の話に丁寧に耳を傾け、その苦労をねぎらわれた。

事件当日の夜、予定になかった「談話」が沖縄の人々に向けて発表されている。その中にはこんな一節があった。

「(沖縄で)払われた多くの尊い犠牲は、一時の行為や言葉によって贖《あがな》えるものではなく、人々が長い年月をかけてこれを記憶し、一人ひとり、深い内省のなかにあって、この地に心を寄せ続けていくことをおいて考えられません」

火炎ビンを投げた男たちは、このお言葉をどのように受け止めただろうか。沖縄の一般の人々はどうだったか。

事件後、警備当局は緊急世論調査を実施していた。その結果は以下の通り。

「『ひめゆりの塔事件』に対する沖縄の人々の反応は、①モヤモヤしていたものがこの一発でふっきれた。②しかし、皇太子同妃両殿下に当たらなくてよかった。③過激派はイヤだ。④皇太子同妃両殿下には好感を抱いた」（佐々淳行氏）

沖縄との和解

その後、陛下は皇太子時代に五回も沖縄にお出ましになった。即位後、最初の沖縄へのご訪問は平成五年（一九九三）四月、全国植樹祭が開催された時のこと。

この時、他の植樹祭では見られない珍しいことが起こった。陛下が会場にお出ましになると、集まった人々が一斉に日の丸の小旗を振ってお迎えしたのだ。心ある現地の人々が事前に旗を用意していたらしい。

「火炎ビン」から「日の丸」へ。沖縄と陛下の関係は大きく転換した。それも陛下のご誠実な対応があればこそ。

陛下は平成に入ってすでに五回、折に触れて沖縄にお出ましになっている。沖縄では毎年、沖縄戦終結の前日の六月二十二日、平和祈念堂で追悼式の前夜祭が行われる。その中で、陛下が詠まれた琉歌《りゅうか》（八・八・八・六音を基調とした沖縄独特の定型詩）「摩文仁《まぶに》」が、琉球古典音楽の調べにのせて献奏される。

「ふさかい《フサケ》ゆる《ユル》木《キ》草《クサ》めぐる《ミグル》戦跡《イクサアトウ》　くり《クリ》返し《カイシ》返し《ガイシ》思ひ《ウムイ》かけ《カキ》て《ティ》」（生い茂っている木草の間を巡ったことよ、戦いの跡にくり返し思いをはせながら）

さる地元の学者が「沖縄でも今時、琉歌を詠める人なんて、よほどの専門家ならともかく、まずいません。とても難しいから。陛下はすごい」と感嘆していた。

陛下と沖縄の「和解」はすでに成就している。政治の面で政府と地元の対立がつづいても、「国民統合」の上で天皇が果たされる〝役割〟は極めて大きい。「分裂を防ぐ機能」とは、具体的にはこのような働きを指すのだろう。

慰霊の旅

陛下の沖縄をはじめとする「慰霊の旅」も、まさに「象徴」たる「天皇」の〝務め〟として理解すべきだろう。

陛下はまだ皇太子だった頃、日本人が「忘れてはならない四つの日」について述べておられる。記者から終戦記念日の感慨について問われて、次のようにお答えになっている（昭和五十七年八月七日）。

「こういう戦争が二度とあってはいけないと強く感じます。多くの犠牲者とその遺族のことを考えずにはいられません。日本では、どうしても記憶しなければならないことが四つあると思います。（終戦記念日と）昨日の広島の原爆、それから明後日の長崎の原爆の日、そして六月二十三日の沖縄の戦いの終結の日、この日には黙禱を捧げて、いまのようなことを考えています。そして、平和のありがたさというものを噛み締め、また、平和を守っていきたいものと思っています」

このひたむきな平和へのご希求は、おそらく昭和天皇のお気持ちをまっすぐ受け継がれたものだろう。昭和天皇はご生前、毎年八月十五日に行われている全国戦没者追悼式には、昭和五十七年（一九八二）にお風邪で体調を崩して一度だけ欠席されたのを除き、必ずご臨席になっていた。とくに生涯最後となった昭和六十三年には、ガンを患われて那須の御用邸でご静養中にもかかわらず、八月十三日にヘリコプターで帰京の上、進退ご不自由なお身体を押して、式典に臨まれた。この日、昭和天皇がお詠みになった御製《ぎょせい》（和歌）は厳しく平和を求められる内容だった。

やすらけき　世を祈りしも　いまだならず
くやしくもあるか　きざしみゆれど

昭和天皇に先の大戦をめぐる法的・政治的「責任」が存在しないことは、これまでもしばしば論じられてきた（児島襄《こじまのぼる》氏・山本七平氏・大原康男氏ら）。だが昭和天皇は生涯をかけて、自らその「道徳的」責任を進んで背負いつづけられたのではなかったか。沖縄についても、敗戦後に全国を巡幸しながら、長くアメリカの施政下にあり、本土復帰後も条件が整わず、最後はついにご病気のために訪れることが叶わなかった無念さを、次のように詠んでおられた（昭和六十二年）。

思はざる　病《やまい》となりぬ　沖縄を　たづねて
果たさむ　つとめありしを

今上陛下の「慰霊の旅」は、まぎれもなく昭和天皇のご遺志の継承であり、かつご自身の強いお気持ちの表現に他ならないだろう。

平成五年（一九九三）に全国植樹祭のために沖縄を訪問された陛下は、何とその二日前に現地に入られている。もちろん、慰霊のために時間を取るのが目的で、異例のスケジュールの組み方だった。陛下の天皇というお立場での「慰霊の旅」は、昭和天皇のご遺託に応えられるかのように、沖縄から始められたのだ。

戦跡へ

平成六年に陛下は激戦の地、硫黄島にお出ましになった。日米両軍から多数の戦死者を出した島だ。

後にクリント・イーストウッド監督の映画『父親たちの星条旗』『硫黄島からの手紙』二部作がわが国で上映されて以来、少しは知られるようになったものの、当時は日本人にとってほとんど忘れ去られた島だった。しかも交通不便なその地に、両陛下おそろいで（この時、皇后陛下は激しいストレスによる失声症に罹《かか》っておられた）自衛隊機に乗ってお出ましになった。

この時、発表になったご感想を全文、引用させていただく。

「硫黄島における戦いは大洋に浮かぶ孤島の戦いであり、加えて、地熱や水不足などの厳しい環境条件が加わり、筆舌に尽くしがたいものでありました。この島で日本人約二万人が玉砕し、米軍の戦死者も七千人という多数に上りました。この度この島を訪問し、祖国のために精根込めて戦った人々のことを思い、また遺族のことを考え、深い悲しみを覚えます。今日の日本がこのような多くの犠牲の上に築かれたものであることに深く思いを致したく思います。鎮魂の碑の正面に立つ摺鉢山《すりばちやま》は忘れがたいものでありました」（平成六年二月十二日）

陛下は現地にお入りになる前、戦史関係の記録を精読されるだけでなく、同島から奇跡的に生還した人から戦闘の実情をつぶさにお聴きになっている。その上で島を訪れてのご感想がここに引いたお言葉だ。「深い悲しみ」を率直に表明される一方で、そこで戦った兵士らに対し「祖国のために精根込めて戦った」とお褒めになっている。慰霊だけでなく顕彰のお気持ちも表わされているのだ。

私の恩師に硫黄島から生きて帰られた方がいた。その方は陛下が同島を訪れられたことを、本当に涙を流して喜んでおられた。「死んだ戦友たちがどれほど喜ぶか」と。

死者との対面

翌平成七年（一九九五）は終戦五十年の節目の年に当たった。そこで長崎・広島（七月二十六・二十七日）、沖縄（八月二日）、東京（同三日）と「慰霊の旅」を行われた。東京では東京大空襲（昭和二十年三月十日、死者は八万三千人から十一万五千人）で亡くなった人々の遺骨を納めた東京都慰霊堂を訪れておられる。

この年の〝旅〟は、まさに陛下がかねておっしゃってきた「四つの日」に添う形で実施されている。陛下ご自身の強い主導によって行われたことが窺える。

終戦六十年の平成十七年にはアメリカ自治領のサイパン島にお出ましになった（六月二十七・二十八日）。

戦闘で追いつめられた日本軍兵士や民間人の多くが「天皇陛下万歳」などと叫びながら海に身を投げた島の北端にある二つの絶壁は、今も「バンザイ（万歳）クリフ」「スーサイド（自殺）クリフ」と呼ばれている。両陛下は「スーサイドクリフ」の崖の上に立ち、頭を垂れて黙禱され、さらに「バンザイクリフ」にも足を運ばれた。六十年余の歳月を隔てて、陛下は「天皇陛下万歳」と叫びつつ亡くなっていった人たちに心の中で対面され、深く思いをはせられたのだ。

同島では、両陛下が現地の高齢者施設を訪れられた時、思いがけないことに住民の老人たちが日本語で鎮魂の曲「海ゆかば」を大合唱してお迎えしたというエピソードもあった。

英霊が涙を流して

終戦七十年（平成二十七年）に陛下は、長年のご念願だったパラオ共和国のペリリュー島へのご訪問を執念で実現される（四月八・九日）。

この時、両陛下はかなりのお疲れを押してお出ましになっていた。しかもご宿泊は海上保安庁の巡視船「あきつしま」の船内だった。その医務室で点滴などを受けながらご日程を遂行されたという。

陛下のお出ましに、同島の戦闘で生き残った土田喜代一氏は、このように喜びの気持ちを述べている。

「ペリリュー島というのは非常に小さな島で一般の人でも行きづらい場所です。そこに陛下が行かれるということになれば、靖国神社にいる戦友達がびっくりするのじゃあなかろうかと思って。……どれだけ英霊達が感激されるだろうかなあと思っています。戦友の中には『天皇陛下万歳』との言葉を残して息絶えた者達もいましたから」

また尾池隆氏の感想。

「兵隊は一生懸命よくやったんだ。あの島に残されている日本の大砲は、まだ空を向いて睨《にら》んでますよ。天皇陛下がパラオに行くなんて、英霊が涙を流して喜びますよ。あの悲惨な最期を遂げた戦友達が、『よく来てくれた』と迎えてくれるだろうと思います。『日本のために死んだ甲斐があったわい』と、こう思うんじゃないか。ああ、ペリリュー島の英霊がどれだけ喜ぶかなあ」

これらは、陛下が戦跡を訪れられることへの、実際に戦争を体験した人々や、その周辺にいる人々の気持ちを示す、ほんの一例と見るべきだろう。

「国民」の「統合」を成り立たせるためには、人々のヨコの連帯・提携だけでは足りない。タテの歴史的な連続性・継承性がリアルに実感される必要があろう。「同じ歴史」を生き抜き、背負ってきた「同じ国民」なんだ、と。

先の大戦は、今の日本国民にとって歴史上、最も身近で、最も苛酷で、最も強烈な「国民的体験」そのものとして回想され、追体験される〝べき〟出来事だろう。その「歴史」を陛下が先頭に立って背負われているお姿は、やはり「日本国民」が「統一体であること」を強化し、その分裂を防ぐ」ために、比類なく重大な意味をもつのではないか。

平成二十八年（二〇一六）の一月には、海外の戦地で最大の犠牲者を出したフィリピンにお出ましになっている（二十六から三十日）。現地では、フィリピン側戦没者への慰霊も日程に加えられた。陛下の強いご希望によるものだったという。

フィリピンは、日米の戦闘に巻き込まれて地元住民に多くの死者を出した。そのため、かつては反日感情も強かった。それを好転させるきっかけになったのが、当時は皇太子だった陛下がフィリピンをご訪問された時（昭和三十七年）のご誠実な態度だった。陛下の「慰霊の旅」に区切りをつけるには相応しい国だろう。

苦しむ人々に手を差し伸べる

以上のほかにも「公的行為」として取り上げるべきものはあるだろう。個別の事例としては、ハンセン病療養所へのご訪問は「統合の象徴」である天皇にとって、とりわけ大切な意味をもつ〝行為〟だろう。

ハンセン病は以前「癩《らい》病」と呼ばれ、感染性の不治の病いと見られていた（実際には感染性は弱く、後に治療法も確立）。患者は病苦のみならず、社会から不当に排除され、最も激しい差別を受けてきた。現在、国内に国立十三、私立一の施設があり、陛下はこれまでその全ての施設の入所者とお会いになり、お声をかけ、手を握って、長年の苦しみをねぎらってこられた。

そのほか、養護学校や高齢者福祉施設などにも、できるだけ頻繁にお出ましになってこられている。その数は五百カ所ほどにものぼる。

皇太子時代に九州方面のさる盲学校を訪れて授業をご覧になった折のこと。一人の生徒が教師に「月の光ってどんな感じなの？」と質問して、教師が一瞬、答えに窮した場面があった。どんな授業でもそのようなことは起こりがちだ。ところが後日、その時ご一緒だった皇太子妃殿下（今の皇后）からベートーヴェンのピアノ・ソナタ第十四番「月光」のレコード盤が届いた。それには「この曲を子供たちが聴くと、〃月の光〃を想像するのに少しは役に立つかも知れません」という趣旨の手紙が添えてあったという。これには当然、陛下のご意向も加わっていたはずだ。何とも細やかなお心配りと言うほかない。

このような〃行為〃を天皇陛下は「全身全霊」で積み重ねてこられた。とりわけ恵まれない境遇の人たち、苦しみを背負う人たち、ややもすれば世の人々の視野から外れかねない人たちに、つねに温かい眼差しをお向けになり、その制約されたお立場のなかで精一杯、手を差し伸べてこられた。まさに「一視同仁」。いかなる人も「国民統合」の〃絆〃から除外されたり、排除されたりするのを断じて押し止めると、心に固く思い定めておられるかのようだ。

「公的行為」の中身については以上でとどめよう。それが天皇が「国民統合の象徴」としての〃内実〃を確かなものにするために、いかに重要で欠かせない意味をもっているかは、もう明らかだろう。

「天皇の側で何らかの行為をする必要があるわけではない」とか、「存在それ自体が、象徴としての役割を果たす」とかという憲法学者の見解は、あまりにもリアリティーを欠く。

さらに「国政の重要な局面で天皇の存在を印象づける」ことで「象徴としての役割をより良く果たしうる」、つまり国事行為だけなさっていればよい、というのも大きな見落としがあると言わざるを得ない。

上記のような〝務め〟（公的行為）を果たしてこそ、天皇はその役割を真に担っていると言える、という陛下のお考えは、ご自身の「体験と実践」に裏打ちされているだけに、極めて説得力がある。

なお憲法学者の中には、憲法に「国事に関する行為のみを行ひ」（第四条第一項）とあるのを根拠に、これまで述べてきた公的行為を〝一切〟否定する人もいる（横田耕一氏など）。非現実的にもほどがある。ことさら「生ける人」を象徴と定めた意味を全く無視した暴論と言わざるを得ない。学界でも孤立した少数説にとどまっているのは当然だろう。

「その他の行為」とは

次に、(3)「その他の行為」についても触れておく。これにはさまざまな行為が含まれる。そこで便宜上、園部逸夫氏の分類を参考にしよう（『皇室法概論』）。そうすると、以下の三種類にさらに分けられる。

㋐皇室行為――皇室の伝統の継承者として行う行為。責任問題は生じにくいが、場合によって宮内庁が責任を負う。
㋑社会的行為――象徴としての地位にありながら「個人」として行う行為。公的性格は行為ごとにさまざま。責任は内閣が負う。
㋒私的単独行為――個人として単独で行う行為。これも責任問題は生じにくいが、場合によって宮内庁が責任を負う。

これらの中、㋒については特に取り上げる必要はないだろう。具体的には「私室での読書、研究、芸術鑑賞等」(園部氏)が挙げられている。「純粋な私人として」の「私的」な行為とされている。

ただし、必ずしも単純には割り切れない部分がある。その点は、念のために付言しておく。

と言うのも、たとえ「私室での読書」であっても、フィリピンへお出ましになるに当たり、その国の歴史や現状をご熱心にお調べになっているような場合、それを「純粋な」私的行為と言い切れるのか、どうか。あるいは、御居間でレコード(やCD)を鑑賞されていても、それが先に紹介した盲学校の生徒たちに贈るための曲を選んでおられるような場合はどうか。

そう考えると、陛下にとって本当の意味で「私的」領域といえるは、限りなく小さい。「天皇に私《わたくし》なし」というのも決して誇張した表現ではなかろう。

皇室行為とは

そのことを踏まえて㋐㋑に移る。

だが㋑についても立ち入るにはおよばないだろう。「天皇が個人として行う行為」でありながら、「社会の中で行われる」ために「天皇が象徴であること」から、どうしてもそれに「公的色彩」を帯びてしまうようなもの。

たとえば静養先で外出され地元の農家の様子をご覧になるような場合でも、天皇というお立場ゆえ、一定の公共性が生じることになる。園部氏は「医療的措置を受ける行為も、ここに含まれる」という。まさに〝天皇に私なし〟。

「その他の行為」で改めて重視すべきは㋐皇室行為だろう。と言うのは、その主な内容は皇室の「祭祀」だからだ。天皇にとって祭祀がいかに重要であるかは、かねて葦津珍彦氏、三島由紀夫氏らが強調してきたことだ。

葦津氏いわく、「祭りこそ天皇の第一のおつとめである。……この天皇の存在が、日本人の神聖をもとめる心を保ってきた」（「神聖をもとめる心」）と。

三島氏いわく、「（天皇は）大統領とは世襲の一点においてことなり、世俗的君主とは祭祀の一点においてことなる」（「問題提起」）と。

そもそも陛下ご自身がこうおっしゃっている。「私はこれまで天皇の務めとして、何よりもまず国民の安寧と幸せを祈ることを大切に考えて来ました」と。

ところが、天皇にとって祭祀がそれほど重要であるならば、一つの疑問が浮かび上がるだろう。それは何故「公的行為」あるいは「国事行為」とされないのか、と。

皇室祭祀という聖域

現に、時折こんな意見を耳にすることがある。「憲法に定める天皇の国事行為の中には『儀式を行ふこと』（第七条）とある。天皇の祭祀をこれに含めたらよいのではないか」と。

これについては大石義雄氏の貴重な指摘がある。

「国事行為は……必ず内閣の助言と承認によらなければならない。

だから、皇室祭儀は国事行為だとなると、皇室祭儀も内閣の助言と承認がなければできないということになりかねない。

内閣と言っても、その実体は、謀略のうづまく俗界の政治的中心権力である。この俗界の政治権力は、皇室祭儀の聖域にも介入し得るのかどうか。介入できるといふことになれば、もはや、日本には聖域はなくなることになりはしないか」（「皇室祭儀と憲法との関係」）

つまり、皇室祭祀を「国事行為」に組み入れたら「内閣の助言と承認」を必要とすることになり、「俗界の政治権力」の「介入」を許すことになりかねないと言うのだ。これは的確な指摘だろう。もちろん、そのようなことを許してはならないはずだ。

では「公的行為」についてはどうか。

これについては二つの見方が必要になる。

一つは憲法第二十条の「政教分離」規定との関係。その第三項にこうある。

「国及びその機関は、宗教教育その他いかなる宗教的活動もしてはならない」

ここから、天皇も国家の機関だから「公的」な形で祭祀を行うことは認められない、というのが従来の政府の考え方だ。たとえば次のように。

「宮中祭祀がここで（憲法第二十条第三項—引用者）言っておりますような宗教的な活動に当たるというようなものでございますならば……宮中祭祀が公事として行われるというようなことはできないのではないかと考えます」（昭和六十年三月七日、衆議院予算委員会第一分科会での前田正道内閣法制局第一部長の答弁）

しかし、皇室祭祀を「宗教的活動」と見てよいのかどうか。はなはだ疑問だ。最高裁判所の判例に照らして、とてもそのように考えることはできないだろう。最高裁は「宗教的活動」を次のように定義する。

「国及びその機関の活動で……行為の目的が宗教的意義をもち、その効果が宗教に対する援助、助長、促進又《また》は圧迫、干渉等になるような行為」（昭和五十二年七月十三

日、津地鎮祭訴訟最高裁判決）

ここで示された「目的・効果」基準から判断して、皇室祭祀を「宗教的活動」と見ることは当たらないだろう。

しかし、もう一つの見方を忘れてはならない。それは「国事行為」についても問題になった、祭祀の「神聖不可侵」性への配慮だ。

内廷費の公的性格

皇室祭祀を一律に「公的行為」とした場合、その財源は宮内庁の経理に属す「宮廷費」が当てられることになる。そうすると、祭祀の執行に宮内庁（主計課）が関与することになろう。国事行為の場合の「内閣の助言と承認」とは違う形であるが、政府行政権が天皇の神聖な祭祀に〝介入〟するという点では同様だろう。

現在の「皇室行為」として祭祀が行われる形だと、財源は宮内庁の経理からは〝独立〟した天皇の「御手元金《おてもと》」である「内廷費」があてられる。こちらの方が、祭祀の「神聖不可侵」性を確保するためには、より望ましい。

ただしその場合、一つ従来の誤解を正しておく必要がある。それは「内廷費」の性格についてだ。内廷費については、皇室経済法にこうある。

「内廷費として支出されたものは、御手元金となるものとし、宮内庁の経理に属する公金としない」（第四条第二項）

この条文から、「宮内庁の経理に属する公金としない」のであるから、それは〝私金〟にすぎないと短絡されてきた。その私金で行われる祭祀も当然「私的」なものだと。だがそうではない。

「内廷費は、国庫から支出された直後には、行政機関の経理法による公金ではなく、国の象徴としての天皇の親裁下の『皇室の公費』となる。……その公費をもって、天皇は内廷において天下の御祭りをなさられる」（『現行皇室法の批判的研究』）

そのように理解すべきだろう。

実際に内廷費の処理にあたっては、「内廷会計委員会」が予算を決め、年度終了後は「監査委員会」が監査し、さらに「決算委員会」に報告するという、厳重な手続きがとられている。

象徴たる天皇の行事

しかも天皇の祭祀の実際については、元侍従長の大金益次郎氏の証言がある。

「陛下の宮中三殿ならびに神宮神社に御参拝になるとき……一言も個人的の安心立命とか、家庭の幸福とか、そういうことは述べられていないのであります。ただひたすらに国家の安寧と世界の平和とをお願いになっておるだけでございます。かようなことが果して個人の信仰なり、私的な行事ということができるかどうか。……象徴たる天皇の行事であると私は思っております。またかくのごとき行事があればこそ、天皇が象徴であるということのほんとうの意義が生まれて来るのではなかろうかと私は思うのであります」（昭和三十五年三月九日、憲法調査会）

そのようであれば、さきに述べたように「宗教的活動」に当たらない点も考えあわせて、皇室祭祀は天皇の「御手元金」という公金で行われる「公的」な性格の強い「その他の行為」と見ることができる。

ところが、皇室の大切な祭祀を支えるべき内廷費は長年にわたり（二十数人の内廷職員の人件費なども含め）年間わずか三億二千四百万円という低額に抑えられたままになっている。これは、いかにも問題だろう。速やかに見直すべきだ。

皇室の恒例祭祀（一）

では皇室祭祀とは実際にどのようなものか。

まず「恒例」と「臨時」の祭祀に分けることができる。

さしあたり恒例の祭祀を簡単に紹介しよう。

一月一日

●四方拝《しほうはい》——午前五時半に天皇が鈍い黄赤色の黄櫨染御袍《こうろぜんのごほう》という古式の装束で「宮中三殿」に隣接して建てられている「神嘉殿」の前庭で、「神宮《じんぐう》」（一般には伊勢神宮、伊勢の神宮などと呼ばれる）、「山陵《さんりょう》」（天皇のお墓）および四方の神々を遥拝《ようはい》される。年の初めの行事。お出ましは天皇お一人だけ。平安時代に始められた行事だ。

●歳旦祭《さいたんさい》——四方拝の後、宮中三殿で皇室の根源となる祖先神（皇祖神《こうそしん》）の天照大神と歴代の天皇や皇族などの御霊《みたま》（皇霊《こうれい》）、それに天神地祇《てんじんちぎ》（天《あま》つ神《かみ》・国《くに》つ神）八百万《やおよろず》の神々をまつる。「小祭」なので天皇と皇太子のみお出まし。

なお、宮中三殿というのは、皇居内でもとりわけ清浄な神域で、皇祖神を祀《まつ》る「賢所《かしこどころ》」、皇霊を祀る「皇霊殿」、天神地祇を祀る「神殿」からなる。

同三日

●元始祭《げんしさい》——皇位の起源と由来を祝い、国家国民の繁栄を三殿で祈る。大祭なので天皇・皇后、皇太子・同妃、各宮家の成年皇族がお出まし。ただし古式の装束を着て殿内に入るのは天皇・皇后、皇太子・同妃のみ。宮家の皇族は洋装（男性はモーニングコート、女性はロングドレスまたはデイドレス）で庭上の幄舎の席につく。

同四日

●奏事始《そうじはじめ》——宮殿の鳳凰《ほうおう》の間で前年の神宮と皇室の祭祀のことを、皇室祭祀に奉仕する神職らをたばねる掌典長《しょうてんちょう》がご報告申し上げる。これ自体は祭祀ではないものの「恒例の年頭祭祀の一環」（川出清彦氏）と位置付けられる。

同七日

●昭和天皇祭——昭和天皇の崩御相当日に皇霊殿でとり行われる。大祭。当日は昭和天皇の山陵である「武蔵野陵《むさしののみささぎ》」（東京都）に勅使《ちょくし》を送って、天皇の幣帛《へいはく》を献じる祭典もある。夜には御神楽《みかぐら》が奏される。

同三十日

●孝明《こうめい》天皇例祭——第百二十一代孝明天皇の崩御相当日に皇霊殿でとり行われる。小祭ながら皇族方のご参列は大祭と同様。孝明天皇の山陵である「後月輪東山陵《のちのつきのわのひがしのみささぎ》」（京都府）でも祭典がある。

二月十一日

●三殿御拝《ごはい》——昭和二十三年（一九四八）まで旧祝日の「紀元節」を祝う大祭として挙行。『日本書紀』記載の神武天皇即位の日を「国の初め」として祝っていた。占領下に紀元節が廃止されてから、昭和天皇のお気持ちにより「臨時御拝」として続けられていたのを、今の陛下も受け継がれた。だから厳密には「恒例」祭祀ではないが毎年、欠かさずに行われている。天皇のみお出まし。なおこの日は祝日法の改正（昭和四十一年六月）により「建国記念の日」になっている。

同十七日
●祈年祭《きねんさい》――三殿において五穀豊穣を祈念する。小祭。源流は飛鳥時代にまでさかのぼる祭祀。

皇室の恒例祭祀(二)

三月春分の日
●春季皇霊祭――皇霊殿でとり行われるご先祖祭り。大祭。三権の長や大臣らも参列する。秋季も同じ。
●春季神殿祭――神殿でとり行われる神々の恩恵に感謝する祭り。大祭。
四月三日
●神武天皇祭――神武天皇の崩御相当日に皇霊殿でとり行われる。大祭。神武天皇の山陵である「畝傍山東北陵《うねびやまのうしとらのすみのみささぎ》」(奈良県)でも祭典がある。
●皇霊殿御神楽――神武天皇祭の夜、とくに御神楽を奏して御霊をなごめる。
六月十六日
●香淳《こうじゅん》皇后例祭――昭和天皇の皇后だった香淳皇后の崩御相当日に皇霊殿でとり行われ

る。小祭ながら皇族方の参列は大祭と同様。香淳皇后の山陵である「武蔵野東陵《ひがしのみささぎ》」（東京都）でも祭典がある。

同三十日

●節折《よおり》——天皇のために宮殿竹の間で行われるお祓《はら》いの行事。御小直衣《おこのうし》（古式ながらやや略装）の衣装。お出ましは天皇のみ。起源は平安時代にさかのぼる。

●大祓《おおはらい》——神嘉殿の前庭で皇族、国民のために行われる祓いの行事。お出ましは皇族の代表お一人のみ。飛鳥時代までさかのぼる。

七月三十日

●明治天皇例祭——明治天皇の崩御相当日に皇霊殿でとり行われる。小祭ながら皇族方のお出ましは大祭と同様。明治天皇の山陵である「伏見桃山陵《ふしみのももやまのみささぎ》」（京都府）でも祭典がある。

九月秋分の日

●秋季皇霊祭——皇霊殿でとり行われるご先祖祭り。大祭。

●秋季神殿祭——神殿でとり行われる神恩感謝の祭り。大祭。

十月十七日

●神嘗祭《かんなめ》──伊勢の神宮での神嘗祭にあわせて、賢所に新穀を供える神恩感謝の祭り。この祭典に先立って、天皇は神嘉殿の南庇《みなみびさし》で神宮を遥拝される。大祭。

十一月二十二日

●鎮魂《みたましずめ》の儀

翌日の新嘗祭に備え、三殿のうしろにある綾綺殿《りょうきでん》で天皇をはじめ皇后、皇太子、同妃の御魂を鎮め、活力を取り戻すための儀式。天皇、皇族方のお出ましはない。飛鳥時代にさかのぼる。

同二十三日

●新嘗祭──夜、神嘉殿において、純白の御祭服《ごさいふく》姿の天皇がご自身で新穀を皇祖や神々に供え、その恩恵に感謝した後、ご自身も召し上がる。大祭の中でも最も重要なお祭り。三権の長や大臣らも参列。この時、宮中の水田で自ら栽培された初穂も供えられる。古墳時代の大和朝廷が成立した頃にはすでに原型となる祭祀があったと見られる。

十二月中旬

●賢所御神楽──夕刻から賢所前庭の神楽舎《しゃ》で御神楽を奏して神霊をなごめる。御神楽に先立って天皇から各宮家の成年皇族に至るまで順に拝礼。小祭。

同二十三日

●天長祭——今上陛下のお誕生日を祝して三殿でとり行われる。小祭。

同二十五日

●大正天皇例祭——大正天皇の崩御相当日に皇霊殿でとり行われる。小祭ながら皇族方の参列は大祭と同様。大正天皇の山陵である「多摩陵《たまのみささぎ》」(東京都)でも祭典がある。

同三十一日

●節折——六月と同じ。

●大祓——六月と同じ。

皇室祭祀のスケール

以上のほかに毎月、一日、十一日、二十一日に「旬祭《しゅん》」と呼ばれるお祭りが行われる。原則として、一日は天皇が御直衣《おのうし》姿で拝礼され、十一日、二十一日は侍従が天皇に代わって拝礼を行う。一月一日は歳旦祭と称し、より重んじられる。

さらに毎日、午前八時半に当宿の侍従が潔斎《けっさい》(心身を清める)の上、宮中三殿を順次、代拝する。ご代拝の間、天皇はお慎み。これに先立ち宮中の女性神職である内《ない》掌典が日々のお供え物を献じる。

「臨時」の祭祀もさまざまある。たとえば、「式年祭」と呼ばれる、歴代天皇などの崩御相当日に決まった年ごとに行われる祭り。これは三年、五年、十年、二十年、三十年、四十年、五十年、百年、以後は百年ごとという節目の年にある。平成二十八年（二〇一六）の四月三日には、「神武天皇二千六百年式年祭」が神武天皇の山陵と宮中の皇霊殿で行われている。

また、皇位の継承に伴って「大嘗祭《だいじょうさい》」という重大な祭儀が営まれる。これは皇室祭祀を超えて「国家祭祀」というべき大がかりな規模をそなえている（詳しくは拙著『天皇と民の大嘗祭』展転社を参照）。

さらに、皇祖神を祀る伊勢の神宮（三重県）には毎年、年に三度（二月十七日祈年祭、十月十六・十七日神嘗祭、十一月二十三日新嘗祭）天皇の使者（勅使）が差しつかわされている。天皇からの供え物（幣帛）を献じ、祭文《さいもん》（神に捧げる古体の言葉）を読み上げるためだ。

神宮のほかにも、皇室にゆかりの深い各地の神社に勅使が毎年、または六年か十年に一度、送られている。これらの神社はとくに「勅祭社《ちょくさいしゃ》」と呼ばれ、現在、全国に十六社ある。

皇室の祭祀は神宮、山陵、勅祭社なども包含し、「宮中」だけにとどまらないスケールの大きさがある。

祭祀を大切にされるのは皇室の伝統だ。今上陛下もことのほかご熱心でいらっしゃる。祭祀は人間が〝聖なる次元〟に反復的につながるための貴重な「回路」。天皇はつねに心身を清め、無私の境地で祭祀にくり返し携わられることで、「国民統合の象徴」に求められる〝超越性〟をより揺るぎないものにされる。

被災地の人々をはじめ陛下に接した誰もが感じる独特の〝癒し〟や〝励まし〟の「オーラ」も、そのようなご日常に裏打ちされてこそ、自然に身にまとうことができるのだ。まさに大金元侍従長が「かくのごとき行事があればこそ、天皇が象徴であるということのほんとうの意義が生まれて来るのではなかろうか」と発言された通りだろう。

このようであれば、皇室祭祀もまた天皇が真に「象徴」であるために欠かせない〝行為〟であると言える。

憲法は「務め」の継承を求める

憲法は天皇に「象徴であるべし」と求めている。その要請に応えるために、天皇は〝象徴に相応しく行動する〟必要があった。その具体的な中身についてこれまで見てきた。その種類の多様さと量の厖大《ぼうだい》さに驚いた人もいるだろう。まさに「重い務め」そのもの。それらをたったお一人の陛下が担っておられるのだ。

陛下はそれらのすべてに「全身全霊」で取り組んでこられた。その事実はほとんど国民には知られていない。それでも一部だけ伝わることはあっただろう。あるいは東日本大震災の時などには、陛下のお気持ち、ご誠実なお取り組みのご様子などが、はっきりと人々の前に明らかになった。

それらを通じて国民は「天皇を見たり考えたりすること」で「日本国あるいは日本国民の統合体を」ありありと実感し、「自己がその構成員たることを」心に刻んだ。

ただ「存在それ自体が、象徴としての役割を果たす」などというのは、陛下がこれまで懸命に〝務め〟を果たしてこられた歳月を、ないがしろにする言い方ではないか。

NHKが五年ごとに行っている「日本人の意識」調査というアンケート調査から興味深い事実が見えてくる（河西秀哉氏『明仁天皇と戦後日本』）。第一回の調査は昭和四十八年（一九七三）。以来、昭和の時代は「天皇」に対する感情が、上位から「何とも感じず」↓「尊敬」↓「好感」↓「反感」の順。その後、しだいに「尊敬」が減少していた。

ところが昭和から平成に移ると「好感」がそれまでの二割台から四割台に急に上昇。しかも、平成に入ってやや減少していた「尊敬」も平成十五年（二〇〇三）以降、上昇しはじめ、最近の同二十五年の調査では「好感」に迫る三割台半ばに達している。「何とも感じず」は、昭和時代には四割だったのが二割台に大きく減少した（ちなみに「反感」は昭和から一貫して〇・五割以下で長期的に低下しつづけている）。

こうした事実は何を意味するか。

今上陛下が自覚的に追求してこられた「能動的」天皇像、ただ天皇「である」だけでなく、その「役割を果たす」天皇の〝在り方〟が、広く国民にも受け入れられつつあることを示しているだろう。

その「能動的」天皇像とは、実際は「天皇は象徴であるべし」と定めた憲法が要請したものでもあったのだ。

そうであれば、個々の天皇の「高齢」による「衰え」を超えて、その「象徴天皇の務めが常に途切れることなく、安定的に続いていくこと」それ自体も、他ならぬ〝憲法の要請〟だろう。そのためには「譲位」制が欠かせない。

つまり、「象徴天皇」を現実的に可能にする譲位制は憲法上、何としても採用されねばならないという結論になる。

譲位は人道上の要請

その二「人道上の要請」については、多くを語る必要はあるまい。

天皇陛下はすでに普通の社会人ならとっくに定年退職のご年齢を超えておられる。今年（平成二十八年）の天皇誕生日で八十三歳。しかも病余のお身体だ。

にもかかわらず、そのご公務は極めてハード。これまでの実績で言えば、年間で決裁される書類は内閣関係、宮内庁関係それぞれ約千件で、合計二千件。しかも、春・秋の叙勲《じょくん》の時など数千人もの対象者の名簿と功績調書が届き、陛下はすべて丁寧に目を通されるが、ある褒章《ほうしょう》の対象千人が書類で一括されている場合、それで一件と数えてのこと。

一年のうち、ご公務があるのは約三百日。一般の企業などは週休二日で年間の休みが百日余り。それに祝日や有給休暇などを加えると百二十日以上が休みの計算になる。これに対し、ご高齢の陛下のお休みはその半分ほど。

その上、御用邸でご静養中であっても、毎週火曜日と金曜日には閣議が開かれ、そこで決定された書類で天皇の国事行為に該当するものはそのつど、天皇の決裁が必要となるので、内閣官房の職員が書類を届けて、処理をお願いすることになる。

祭祀のご負担も大きい。あらかじめ御所で、桶でかかり湯をして心身をお清めの上、モーニングコート姿で宮中三殿に向かわれる。三殿と棟つづきの綾綺殿でお手水《てみず》のあと、古式の装束である黄櫨染御袍を召される。

祭祀でのご拝礼は一般の神社での神職の作法よりはるかに丁重《ていちょう》だ。「起拝《きはい》」と呼ばれる特別のご作法。

笏《しゃく》を右手に持ち、正座の姿勢からまず右足より立つ。両足をそろえて、両手で笏頭《しゃくとう》（笏の上の部分）を目の高さまで上げたら、今度は腰を折って深々と頭を下げながら、左足からしゃがんで正座の姿勢にもどり、そのままうつ伏せになる。正座から立ち上がり、身体全体を使って拝礼をして、また正座にもどるという極めて敬虔なご作法だ。

その起拝を二度くり返した後、深く頭を下げ、さらに再び起拝を二度くり返す。

前段と後段で二回ずつ、合わせて〝四回〟起拝を行うのが「両段再拝《りょうだんさいはい》」と呼ばれる陛下のご拝礼だ。

古式の装束をお召しの上でなさるこのご作法は、ご壮年であっても大変なご負担に違いない。それをご高齢の陛下が今もつづけておられる。

そのほか一々あげないが、地方へのお出ましも含め、その「公的行為」の大変さはさきに見たとおりだ。

陛下は長年、国のため、国民のため、「公」のために、あらゆるご負担をただ黙々と背負いつづけてこられた。その陛下が「体力の面などから様々な制約を覚える」「これまでのように、全身全霊をもって象徴の務めを果たしていくことが、難しくなるのではないか」とおっしゃられた。しかも、その「務め」を責任をもって受け継ぐべき方もすでにいらっしゃる。

ならば、陛下の譲位のご希望を拒否することは、「人道上」とても認められないだろう。むしろ「国政に関する権能を有しない」陛下のために、積極的に次代への速やかな継承を可能にする制度を整えて差し上げることこそ、〝人道上〟の観点から強く求められることではないか。

国民の圧倒的多数も受け入れている

その三「民主主義の要請」も至ってシンプルな話だ。

これまでの各種世論調査の結果は、どれも「譲位を認めるべし」との回答が圧倒的多数を占めている。その〝民意〟を尊重するのが当然だろう。

具体的には——

読売新聞（八月九、十日調査）―賛成八一％、反対一〇％。
日本経済新聞（八月九―十一日調査）―賛成八九％、反対四％。
ANN（八月十三、十四日調査）―賛成八九％、反対五％。
NNN（八月十九―二十一日調査）―賛成九四・三％、反対二・八％。
毎日新聞（九月三、四日調査）―賛成八四％、反対四％。
朝日新聞（九月十、十一日調査）―賛成九一％、反対四％。
産経新聞・FNN（九月十七、十八日調査）―賛成九四・八％、反対三・八％。

——という数字。どの調査も八割、九割以上が賛成という結果。八月八日の「ビデオメッセージ」から一カ月以上が経過しても、〝賛成〟の数字が落ちていない。これは驚異的な事実ではあるまいか。

もちろん、天皇のご進退が直接、世論調査の結果で左右されるようなことがあってはならないだろう。〝一過性〟の世論動向を超えた「高み」にあってこそ安定した権威を保ち得るからだ。しかし、今回のことは、陛下のご意向がまずあって、それを圧倒的多数の国民が自然に素直に受け入れているという構図だ。この明々白々たる民意はおろそかにすべきではあるまい。

しかも、「一代限り」ではなく、「恒久的」な譲位制を求める声が断然多い点も見逃せない。日経で「恒久七六％、一代一八％」、NNNで「恒久七七・〇％、一代一三・四％」、産経・FNNで「恒久七三・三％、一代二一・五％」といった具合。

「民主主義の要請」としても、積極的に恒久的な「譲位」制の導入を図るべし、という結論に落ち着く。

公的秩序の頂点

最後に、その四「大義名分上の要請」とは。

でも〝大義名分〟という言葉自体、今時ほとんど耳にしないだろう。念のために辞書的な意味を示しておこう。「①人として、また臣民《しんみん》として守らなくてはならない本来の道義。②行動の基準となる道理。また、何か事を起こすときの根拠」（『明鏡国語辞典〔第二版〕』）。

何やら難しそうな印象を与えたかも知れない。だが、ここで述べておきたいのはごく単純な論理だ。

天皇は古代以来、わが国の公的秩序の頂点の地位を一貫して保持しつづけてこられた。律令以前の国政のトップにいた大臣《おおおみ》・大連《おおむらじ》も、律令体制下の太政大臣《だいじょう》も、平安時代の摂政・関白《かんぱく》も、鎌倉時代以降、武家政権の首長だった征夷大将軍《せいいたいしょうぐん》も、帝国憲法下の内閣総理大臣も、みな天皇の「任命」によって〝のみ〟正式にその地位につくことができた。上皇も公的秩序で天皇の「上位」につくことはなかった。このような〝形式〟が長く維持され、それが根底から覆されるような事態は、これまで一度もなかった。

今の憲法でも天皇は三権より上位に位置付けられていることは、すでに述べた。何しろ「国権の最高機関」（第四十一条）である「国会を召集」（第七条）する立場を与えられているのだ。

その上、次のような指摘まである。

「（憲法上）主権の存するのは『国民の全体性』であって国民を形成する個々人ではない。……もちろん個々の国民も全体意志の形成に参与する限り主権に参与している。

しかし個別意志と全体意志とは次序の異なったものである。国民の全体意志に主権があり、そうしてその国民の統一を天皇が象徴するのであれば、主権を象徴するものもほかならぬ天皇ではなかろうか」（和辻哲郎氏）

「国民主権といふ場合の国民といふのは……具体的な個々の国民のことをいふのではない。国の最高の意思が統一的な国民の意思によって決まる、といふ意味である。……いかなる国に於《おい》ても、国家意思は唯一つであり、主権者の意思は唯一つである。それでなくては国は分裂し、法の体系は立たない。この権威ある意思の主体を主権者とよび国民と称するのである。それは目で見ることのできない一つの観念的な存在としての国民である。……天皇が〝国民統合の象徴〟といはれるのは、この目に見えない一つの国民の姿を、目に見える姿で現はすのは、ただ天皇御一人に限られるといふ意味である」（葦津珍彦氏）

天皇の「権威」にかけて

このような――歴史上、国家の公的秩序の頂点でありつづけ、今の憲法でも三権の上位にあって、「国民統合の象徴」として主権の〝ありか〟をご一身に体現しておられる方が、たとえ「個人として」であっても、全国民の前にご自身のお考えを率直に表明され、譲位(正確には譲位制)を望んでおられることが明らかになった以上、万が一にもそのご希望が叶えられないような事態は、決して起こってはならないだろう。

何故なら、もしそのようなことにでもなれば、天皇という〝地位〟の権威と尊厳が、大きく損われてしまうからだ。

かくて「大義名分上の要請」としても譲位制はぜひ採用しなければならない。

ならば現実的、具体的にはどのような皇室典範の改正が必要なのか。次にそれについて考えてみよう。

第四章　皇室典範改正の全貌

二つの課題

くり返すまでもなく、天皇陛下は譲位（制）を望んでおられる。その譲位を可能にするには皇室典範の改正が欠かせない。わざわざ憲法まで改正するにはおよばない。かと言って、典範をそのままにして特別立法だけで対処するのは「憲法違反」になる。

典範を改正する場合、これまで長年、懸案とされてきた皇室そのものの安定的な存続を可能にするための改正も当然、視野に入ってくる。

つまり典範の改正には、さしあたり二つの課題があるのだ。

一つは、「譲位（制）」を可能にするための改正。

もう一つは、皇室それ自体の存続のための改正。

前者は陛下のビデオメッセージに出てくる「平成三十年」が〝ゴール〟の目安になる。

一方、後者はどうか。実はこちらもあまり時間の余裕がない。詳しくは後に述べるが、およそ同じ時期を考えてよい。つまり、この二つの課題は一回の改正で一挙に解決するのが望ましい。

ただし改正の中身については、一つ一つ別々に説明するのが分かりやすいだろう。それぞれ「課題」が異なるからだ。そこでまず、「譲位(制)」を実現するためにはどんな改正が必要なのかについて、述べることにする。

「パンドラの箱」ではない

なおあらかじめ一言、断っておく。譲位(制)を認める典範改正は「パンドラの箱(予期できない災いや困難の根源)」を開ける結果になる——というおどろおどろしい〝警告〟についてだ。一部の知識人がこんなことを言っている。

「これはパンドラの箱である。退位の自由、即位拒否の自由、皇籍離脱の自由を否定・制限してきた過去の政策を変え、天皇・皇族に身分に関する自由を与えるということだ」(森暢平氏)

「退位・譲位を制度化することは、大きな困難を伴う。それは法技術的な困難ばかりではない。皇室の尊厳や存立基盤を脅かす危険性をも伴うからだ。……明治の皇室典範制定以来封印して来た『パンドラの箱』を開けることにもなる」(八木秀次氏)

これらの発言には大きな勘違いがある。前にも述べたように事実上、「即位拒否の自由」はすでにあるのだ。「皇籍離脱の自由」についても同様に考えることができる。皇室の存在は天皇や皇族方の強い責任感、使命感によって〝こそ〟支えられているのであって、その自由を「封印」しているからではない。

さらに陛下が譲位（制）を望んでおられるのは、他でもない「皇室の尊厳や存立基盤」をより万全なものにするためだ。そのことは、これまでの論述からも明らかだろう。

これらの論者の〝上から目線〟の言い方を聞いていると、陛下が後先も考えず、自分勝手に「皇位」を投げ出したいとダダをこねていると非難しているようにしか受け取れない。実に非礼極まる。

圧倒的多数の国民が譲位へのご希望を受け入れているのも、陛下のご判断への健全な信頼があるからだ。この場合、あるタイプの知識人の妄想より庶民の直感の方がはるかに正しい、よい例と言える。

その点を見た上で早速、本論に入ろう。

改正はシンプル

実は譲位（制）を可能にするための典範改正は、一般に考えられているよりはるかにシンプル。

何のことはない、〝ネック〟になっている条文を改めればよいだけ。つまり先にも引用した第四条の改正だ。念のために再び掲げる。

「天皇が崩じたときは、皇嗣が、直ちに即位する」

このままでは、「天皇が崩じたとき」しか次代の天皇は「即位」できない、つまり譲位はできない。そこで「退位したとき」にも即位できるようにすればよい。当たり前の話だ。

改正した条文はこんな感じになろう。

「天皇が退位し、又は崩じたときは、皇嗣が、直ちに即位する」

これに対し、現行条文にすでに入っている「崩じたとき」を先に入れてはどうか、という考え方ももちろんあるだろう。でも時系列的には退位がもちろん先。しかも〝社会の高齢化〟を考えると、前近代のように譲位の方が標準になるはずだ。そうであれば「退位」を先にした方がよいのではないか。

たったこれだけの改正で譲位そのものは可能になる。だが、天皇が譲位された後の「称号」はどうなるか。先代の天皇（先帝）の皇后の称号については、典範に「皇太后《こうたいごう》」と規定してある（第五条）。ならば当然、これも典範に入れておく必要がある。

今の条文はこう。

「皇后、太皇太后《たいこうたいごう》（二代前の天皇の皇后）、皇太后、親王、親王妃、内親王、王、王妃及び女王を皇族とする」

これの「皇后」の次に、天皇の譲位後の称号として歴史上、使われつづけてきた「太上《だいじょう》天皇」を付け加えたらよい。太上天皇という称号を変更すべき理由も、他に適当な称号もない。

なお皇后の場合、先代の皇后を「皇太后」、さらにその前を「太皇太后」と呼び分けるのと違って、天皇について歴史的には、先代でも先々代でも「太上天皇」の称号が用いられている。

上皇の位置付け

一方、皇后が〝どうやって〟皇太后になるか等の規定は一切、ない。実際には、これまでは「天皇が崩じて、皇后がなお存命のとき」は皇太后の称号を得た。だが、そこまでわざわざ規定する必要はなかった。「太上天皇」についても同様に考えてよいだろう。つまり太上天皇という新しい立場を認める場合も、法的な処理としては第五条にこの称号を追加するだけ。念のために改正条文案を示しておく。

「皇后、太上天皇、太皇太后、皇太后、親王、親王妃、内親王、王、王妃及び女王を皇族とする」

太上天皇を皇后の先に入れる考え方もあるだろう。だが天皇の「公的行為」などでの順序や席次などの自然さを考慮すると、天皇・皇后の次に太上天皇（上皇）・皇太后がこられる形になるのではなかろうか。ひとまず一案として提示しておく。

これで天皇は譲位後、上皇という地位を得ることができる。ただし、皇族の一員というお立場だ。天皇は皇族ではなかった。〝皇族〟は「天皇の」ご一族のことだから、天皇ご自身はむろん皇族ではない。しかし、太上天皇は天皇の父（または兄など）として、その〝一族〟の一員という位置付けになる。

この条文については、皇室の存続にかかわる改正を踏まえた条文案を、のちに改めて示すだろう。

敬称はどうする?

では太上天皇の「敬称」はどうなるか。

皇室の方々の公式の敬称は二種類しかない。「陛下」と「殿下」だ。

第二十三条に規定がある。


「天皇、皇后、太皇太后及び皇太后の敬称は、陛下とする。
②前項の皇族以外の皇族の敬称は、殿下とする」

「皇太后」の敬称は「陛下」。太上天皇の敬称をそれより下げるのはおかしい。当然、「陛下」となろう。

よって改正条文は次のようになろうか。

「天皇、皇后、太上天皇、太皇太后及び皇太后の敬称は、陛下とする」

これで「天皇」「陛下」は譲位後、「太上天皇」「陛下」になられることとなる。

他に〝現行の〟条文でどうしても改正しなければならない条文はあるか。第十七条と第二十七条くらいか。

第十七条は「摂政」の就任順序についての規定。皇后や皇太后なども就任資格をもつ。ならば万一の場合、上皇も摂政に就任する可能性は確保しておくべきだろう。これは改正案だけを示しておく。

「摂政は、左の順序により、成年に達した皇族が、これに就任する。
一　皇太子又は皇太孫
二　親王及び王
三　皇后
四　太上天皇……（以下略）」
第二十七条も改正案を。

「天皇、皇后、太上天皇、太皇太后及び皇太后を葬る所を陵《りょう》、その他の皇族を葬る所を墓《ぼ》とし、陵及び墓に関する事項は、これを陵籍及び墓籍に登録する」

そのほか検討課題になるのが第二十五条。

「天皇が崩じたときは、大喪《たいそう》の礼を行う」

これに上皇も加えるべきではないか、という考え方もあるだろう。上皇も天皇に匹敵する〝手厚い〟葬り方をすべきだ、と。

しかし、旧「皇室喪儀令《そうぎ》」（大正十五年十月）では皇后や皇太后（太皇太后）も「大喪」が行われていたのを、典範からは外したという経緯がある。

また陛下ご自身、八月八日の「お言葉」の中で「喪儀」の簡素化にも、わざわざ言及しておられる。そのお気持ちを重んじる必要もあるだろう。

よって、ひとまずこの条文には手を加える必要はないと判断しておく。

また別に、上皇に〝二度目〟の皇位継承の資格を認めるか、どうか。確かに前例はある。第三十五代皇極天皇↓第三十七代斉明《さいめい》天皇、第四十六代孝謙天皇↓第四十八代称徳《しょうとく》天皇のわずか二例。しかも極めて異例のケースだ。とても〝手本〟にはならない。

もはや「皇位」にとどまるべきでないとして〝退位〟された方が、やむを得ない場合に天皇の国事行為を「代行」する摂政に就任されるのはともかく、再び〝即位〟して天皇になられるというのはいかがか。

しかし、他に全く皇統に属する皇族がおられない場合のために、資格を認めておくのがよいだろう。

追加すべき条文

現行条文で改正が必要になりそうなのは、さしあたり以上だろう。大騒ぎするまでのことではないのだ。

ただし、追加すべき条文はある。それは譲位の「要件と手続き」を定める条文だ。前にも述べたように、これによって、「強制的」ないし「恣意的」な譲位の可能性を、しっかり排除できる。

以前、示しておいたのは「その意思に基き」と「皇室会議の議により」という文言だ。

これにもう一点、付け加えることがある。それは当たり前ながら、ちゃんと皇位を受け継ぐ方（皇嗣）がおられる、ということ。しかも皇嗣が未成年だと摂政を立てる必要がある。万一その摂政になるべき皇族が不在なら、上皇ご自身が摂政につく可能性だってゼロではない。すると、まことに奇妙な仕儀となる。皇位を譲っておきながら、そのご本人が摂政として天皇の全面的な代行者になるなんて。

だから、「皇嗣が成年に達しているとき」という条件も入れておくべきではないか。

すると条文としてはこんな風か。

「天皇は、皇嗣が成年に達しているときは、その意思に基き、皇室会議の議により、退位することができる」

ではこの条文をどこに挿入するか。第一章の末尾あたりに入れるのが適当だろう（「第四条の二」、または同条第二項として）。

また、このように「退位」に皇室会議が関与する以上、その招集と議決について関連条文（第三十三条第二項と第三十五条第一項）に追加しなければならない。議決は当然、三分の二以上の多数による。

こうして、譲位を可能にする典範改正は現行条文七カ条の手直しと、追加条文一カ条だけですべて完結。もちろん慎重かつ丁寧な検討は大切だ。しかし、ことさら長期の検討を重ねるまでもない。

関連法の改正

あとは、関連して皇室経済法を一カ条だけ改正しておく必要がある。

第四条第一項の改正案はこうだ。

「内廷費は、天皇並びに皇后、太上天皇、太皇太后、皇太后、皇太子、皇太子妃、皇太孫、皇太孫妃及び内廷にあるその他の皇族の日常の費用その他内廷諸費に充てるものとし……」

上皇もこれまでの皇太后と同様に「内廷」皇族に位置付けられるということ。

さらに条文案は掲げないが、刑法第二百三十二条に、名誉毀損罪・侮辱罪について「天皇、皇后、太皇太后、皇太后又は皇嗣」の告訴は内閣総理大臣が代わって行う、との規定がある。これに太上天皇も追加すべきなのは当然だ（他に相続税法第二十一条の三）。

典範の改正に連動した法律の改正は、以上の三カ条くらいだ。

なお先代の天皇の皇后である皇太后についての事務をつかさどるために設置される「皇太后宮職」という機関がある。それを太上天皇に関する事務もカバーできるように拡充する必要がある。これは政令で対応することになるだろう。

とてつもない〝難題〟であるかのように騒ぎ立てた知識人もいた。しかし、それは彼らの不勉強を自ら暴き出したにすぎない。

皇太子の不在

ここで一つ、大急ぎで付け加えておくべきことがある。それは前にも言及した〝皇太子不在〟への対応についてだ。

首尾よく今上陛下の譲位が実現したら当然、今の皇太子殿下が天皇になられる。今のルールではその時の「皇嗣」は秋篠宮殿下。

しかし秋篠宮殿下は次代では「皇子」（天皇のお子様）ではない。だから、今の制度のままなら「皇太子」を名乗ることはできない（典範第八条）。そのほかにも公式の称号としては何も存在していない。歴史的には前にも言った通り「皇太弟」という言葉があるものの、皇室典範のどこにもその規定はない。

そうすると宮内庁法で「皇太子に関する事務をつかさどる」（第六条）ことになっている東宮職はどうなるのか。皇嗣ではあっても「皇太子」ではない秋篠宮殿下のお世話に当たれるのかどうか。

宮内庁組織令には「東宮職に、東宮侍従長、東宮女官長及び東宮侍医長それぞれ一人を置く。……」（第五条）とある。その他にも関連の規定はあるのだが。

これに対応するには、「譲位」のための改正とは別に、微調整的な改正が求められる。

すなわち皇室典範（第八条）、宮内庁法（第六条）それぞれ一カ条の改正だ（政令までは立ち入らない）。ただ「皇太弟」を追加するだけだから、改めて条文を示すまでもなかろう。今後も同様のケースが現れる可能性はもちろんあるから、今回一緒に改正しておくべきだ。

以上で、譲位とそれによって生じる「皇太子不在」に対処するための典範（および関連法）の改正は、ほぼすべてカバーできたはずだ。これくらいなら、平成二十九年（二〇一七）いっぱいで十分なしとげることができるはずだ。

ただし、これと共に皇室存続のための典範改正も、「先送り」が許されない重大かつ緊急性の高い課題だ。

これについては、条文〝以前〟の基本的な「考え方」から整理しておく必要がある。

三十年後の皇室

まずは皇室が存続の「危機」に直面しようとしている〝現実〟を直視する必要がある。

今年の九月六日に十歳のお誕生日をお迎えになった悠仁親王殿下。もし「譲位」が実現したら、今の典範のルールだと皇位継承順位は「第二位」に。しかし、悠仁殿下が即位される頃、皇室はどうなっているのか。あくまで今の典範のままという前提で想定してみよう。

仮に今から三十年後のこととしよう。

今の皇太子殿下と秋篠宮殿下がそれぞれ譲位されて、お二方とも上皇としてご存命でも八十代。皇太子殿下は今の陛下より年上だ。それから太皇太后（雅子妃殿下）、皇太后（紀子妃殿下）のお二方。さらに寛仁《ともひと》親王妃の信子殿下と高円宮妃久子殿下はそれぞれ九十代。内親王のお三方、敬宮《としのみや》（愛子）殿下、眞子《まこ》殿下、佳子《かこ》殿下、女王のお四方、彬子《あきこ》殿下、瑶子《ようこ》殿下、承子《つぐこ》殿下、絢子《あやこ》殿下はそれぞれ結婚されて、すでに皇籍を離れておられるはずだ。すると、現在の皇族方で皇室に残っておられるのは、四十歳の壮年を迎えられた悠仁殿下を含めて多くて七方か（そのうち六方は八十代以上）。

そのような状態がたやすく予想できる条件下で、皇室に嫁ぐ決意をする女性が国民の中にいるかどうか。その決意を後押しする家族がいるかどうか。しかも万一、男子を生まなければ皇室を途絶えさせてしまうという強烈な〝プレッシャー〟が、その女性ただ一人にかかってくる。その重圧をはね返し、勇気をふるって嫁ぐ女性（とそれを後押しする家族）がもし現れなければ、もうそれだけで皇室はもはや存続できなくなる。

また幸いそのような女性が現れ、ご結婚によってお子さまに恵まれても、その中に男子が必ずお一人以上いなければ、やはり皇室はつづかなくなる。さらに幸い一人、二人の男子に恵まれても、やがて天皇・皇后両陛下とそのお子さまたちだけの皇室になる。極小の皇室だ。

そのわずかな人数の皇室で、どれだけのご公務を果たすことができるのか。また次代への継承も〝綱渡り〟になってしまう。そのような状態で皇位継承資格を「男系の男子」だけに限定していて、果たして皇室は「どのような時にも国民と共にあり、相たずさえてこの国の未来を築いていける」のかどうか。「象徴天皇の務めが常に途切れることなく、安定的に続いていくこと」が可能なのかどうか。極めて悲観的にならざるを得ない。

しかも、その「三十年後」の無惨な皇室の未来図を、現実のものにしてしまうかどうかの〝分岐点〟は今、目の前にある。

この数年のうちにきちんと手を打てるかどうかに、すべてがかかっている。どういうことか。順を追って説明しよう。

まず、皇太子殿下の次の「世代」の継承候補者がたったお一人（悠仁殿下）だけという、厳しい「現状」をもたらした「背景」は何か。

三つの要因

「背景」については三つの〝要因〟として整理できる。

その一は「偶然的要因」。

その二は「政治的要因」。

その三は「構造的要因」。

この三つだ。まずその一「偶然的要因」とは何か。

これは簡単だ。皇室に女子は生まれても男子が長く生まれなかった事実だ。

昭和四十年（一九六五）に秋篠宮殿下がお生まれになって以来、実に四十年以上もの長い間、九人もつづけて女性皇族〝だけ〟がお生まれになるという「偶然」がつづいた。男女の誕生の割合はほぼ一対一なので、これは確率の上では極めて珍しいこと。しかし、実際に起こった事実だ。

この「偶然」が現状の危機の背景にあることは否定できない。だがそれだけではない。

次に取り上げるべきは、その二「政治的要因」だ。

これは、日本が占領下におかれた昭和二十二年十月に、GHQの方針によって〝傍系〟の十一の宮家、五十一人の皇族方が一斉に皇籍から離れることを余儀なくされた、という事実だ。これらの旧宮家の中には、跡継ぎに恵まれずすでに廃絶した家がいくつもある一方、男子が生まれたところもある。だからこれも「要因」の一つに数えるべきだ。

ただし、これらの宮家は天皇からの血縁が極端に遠い。そのため、GHQの圧力がなくても大正九年（一九二〇）に定められた「皇族の降下に関する施行準則」が適用されれば、順次、皇族の身分を離れる予定だった。もちろん、「皇族全体の状況によっては、準則の見直しがはかられた可能性も否定できない」（梶田明宏氏）だろうが。

したがって、この「政治的要因」ばかりを大きく取り上げるわけにはいかない。その三「構造的要因」に目を向ける必要があるのだ。

「側室不在」という要因

「構造的要因」とは何か。端的に言って〝側室制度の不在〟だ。

明治の皇室典範以来、皇位継承資格を「男系の男子」に限定してきた。しかし、たった一人の正妻から代々、必ず一人以上の男子が生まれるという保証はない。実際に過去の実例を見ると、約半数は側室から生まれた「庶出《しょしゅつ》」（非嫡出）の男子による継承だった。

帝国学士院編『帝室制度史』第三巻によれば過去の皇位継承のうち五十七例が「庶出」

だったとする。神社本庁教学研究所編『皇室法に関する研究資料』所収の「歴代天皇出生内容別一覧表」（藤本頼生氏）では五十二例。さらに違う数え方もあるだろう。しかしいずれにしても、「庶出」が占める割合は実に大きい。

それに対し、以前は医療水準が低く乳幼児の死亡率が高かったから側室に頼った。しかし今は乳幼児の死亡率は劇的に改善されている。だから側室不在でも皇位継承資格を「男系の男子」に限定した〝まま〟で大丈夫、という意見がある。本当か。

過去の実例を見ると、男系限定では死亡率ゼロでも「歴史的に……四世代に一回の割合で嫡系継承が困難な場合が生じる」（竹田恒泰氏）との指摘がある。とても大丈夫とは言えない。側室制度こそが、男系限定の皇位継承を支える最大の基盤だった事実を、認めなければならない。

側室の復活はあり得ない

明治の皇室典範では、側室制度の存在を前提に、「庶出」による継承を認めていた（第八条）。しかし、実例としては大正天皇の代からすでに側室を置かなくなった。昭和天皇は女官制度の改革を行い、内親王が四方つづいて、側室をもつよう迫られても、ついに拒絶した。今の典範では法的にも「庶出」には継承資格を認めていない。

このように、現在は側室不在の状態がつづいている。今の皇太子殿下で側室不在四代目にして、直系には男子が生まれておられない。側室が存在しないのだから不思議なことではない。

では今後、側室が復活する可能性はあるのか。予想し得る将来においてその可能性は全くないと断言してよいだろう。

まず何より皇室ご自身がお認めになるとは考えられない。雅子妃殿下が男子をお生みにならないから、皇太子殿下に側室を用意しようなどという話は、仮定としても不謹慎すぎるだろう。紀子妃殿下がもし悠仁殿下をお生みになっていなかったとしても、秋篠宮殿下が側室を検討されるなどとは想像もできない。当事者の皇室がお認めにならないなら、はじめから側室の復活などあり得ない。

その上、国民の圧倒的多数も決して歓迎しないだろう。もし皇室が側室に頼ってまで「男子」を得ようとする姿を見たら、人々の皇室への素直な敬愛の念は大きく傷つけられるはずだ。国民感情からもあり得ない。

そのような状況下で、国会議員の過半数が側室容認の典範改正を支持することも、あり得ない。

しかも、国民の中から進んで側室になろうとする若い女性や、それを後押しする家族が今後、継続的、恒久的に出現しつづける可能性は限りなくゼロに近いだろう。この点からもあり得ない。

さらに万が一わが国の皇室が側室制度を復活させたりしたら、世界の国々はどのように見るか。皇室およびわが国の国際的評価は決定的に下落するだろう。

このように「側室不在」の条件は動かない。これが「構造的要因」だ。

ではそうした危機の背景にある「要因」分析を踏まえて、どのような「対策」が考えられるだろうか。

対策はあるか

まず「偶然的要因」には手の打ちようがない。当たり前だ。

では「政治的要因」に対してはどうか。

これについては旧宮家系の血を引く国民男性に新しく皇族の身分を与える皇室典範の改正か、特別立法を検討してはどうかとの意見がある。七十年ほども前に皇室から離れた人の子や孫を改めて皇室に入れようというプランだ。

だが、その有効性も妥当性もともに疑問がある。それはこういうことだ。

一般の国民にとって、昨日まで自分らと同じような〝普通の〟国民だった男性が、「男系の血」を引いているというだけで、皇族女性と結婚したのでもないのに、そのまま「聖域」とも言うべき皇室の一員になるというのは、正直に言って違和感があるだろう。

しかも、そもそも対象となるべき人物は存在するのか。常識的に考えたら、対象となるのは本人に社会的判断力もすでに備わった未婚の成年男性、ということになろう。既婚者の場合、相手の女性も一緒に「皇族」の仲間入りをすることには、二重の違和感が伴うことになる。一般女性がたまたま結婚相手が旧宮家系だっただけで皇族になるという話だからだ。

旧宮家系男性の本音

そこで旧宮家系の未婚の成年男性の実情を見ると、これまで知られているところでは賀《か》陽《や》家に一人、久邇《くに》家に一人、東久邇《ひがしくに》家に一人、竹田家に一人の計四人。しかし、竹田恒治家の恒昭氏は先ごろ、大麻取締法違反で逮捕・起訴されている。とても対象者にはならない。また賀陽家の一人（長男）は、父親の正憲氏が以前、メディアの取材に対して「立場が違いすぎ、恐れ多いことです」と固辞する態度を明らかにしている。

久邇家の一人についても、未婚とはいえ年齢は秋篠宮殿下より年上だから、やはり対象とはならないだろう。

その父親の邦昭氏は伊勢の神宮の大宮司《だいぐうじ》、全国の神社をたばねる神社本庁の統理などの要職を歴任されていて、旧宮家系の人々の中でも長老格の人物。もちろん、かつては皇族だった正真正銘の「旧皇族」だ。久邇家は香淳皇后のご実家にあたる血筋。

その久邇家の当主たる邦昭氏が、旧宮家系の人物を皇室に入れるというプランに対し、こう述べておられる。


「近頃、旧皇族をまた皇籍に戻すべきだという意見もあるようだが、私はこれについて『何を今さら』というのが正直なところ本心だ。……今さら、皇籍に復して国民の貴重な税金をいただくのには拒否反応がある。折角この七十年に近いサラリーマンを含む生活で、名実共に一般市民として築き上げた物心両面の蓄積は大事にしたい」

（『少年皇族の見た戦争』）

これが本物の旧皇族の〝プライド〟だろう。かつて一分、一秒も皇族だったことがないどころか、その父親の代からすでに国民だったのに、ことさら「旧皇族」を詐称しているような人物もいるが、重厚さが違う。

右の発言に見られるように、国民であり「一般市民」であるこれらの人々については当然、憲法に定める基本的人権が保障されているから、決して「強制」はできない。もし万が一にも強制の〝影〟がわずかでも見えるような事態になれば、皇室の尊厳は大きく傷つく。

では果たして自ら手をあげて皇籍を取得しようとする人はいるのかどうか。未婚の成年男性で対象となり得るのは事実上、三十代で自動車販売会社に勤務しているという東久邇家の一人だけ。この人にその気持ちがあるのかどうか。また失礼ながら、経歴や資質などの面で、皇族たるに相応しい条件を十分、備えているのかどうか。

未成年者は？

そこで未成年者にまで対象を拡大しよう、という声もある。賀陽家の一人、東久邇系の征彦家の一人と照彦家の一人などを念頭においた意見だ。

しかし、賀陽家の場合も東久邇征彦家の場合も、これまでの取材では辞退の意向を表明されている。「お断りさせていただくと思います」（東久邇征彦氏）と。東久邇照彦氏のみははっきりとしたコメントはまだ出しておられないようだ。

これが実情だ。しかも未成年者が皇室に入るとなると、典範を改正してこれまで否定されてきた「養子」を認めるのが前提となろう。

しかし、養子を迎える条件が整っている宮家は存在するのか。

皇位継承者がすでに存在する内廷と秋篠宮家はもちろん除外される。具体的に考えると、常陸宮家はご高齢の両殿下だけだからムリ。三笠宮家はご高齢の百合子妃殿下と六十代の信子妃殿下のほかはご結婚と共に皇室を出られるお二方の女王殿下で、ここも難しい。高円宮家も六十代の久子妃殿下とお二方の女王殿下。同様にムリだろう。

養子を受け入れる宮家自体が存在しないのだ。だから「今後、旧宮家系から新しく生まれる赤ちゃんをどんどん養子にしたらいい」という無責任で常識外れな提案など、ますます現実味がない。

皇室と国民の区別

こんなデタラメな意見が平気で出てくるのは、「皇室と国民の区別」という一線をはっきり意識しない人々が一部にいるということだろう。

ここで想起すべきは、昭和二十二年の旧宮家の人々の皇籍離脱からわずか七年後に、すでに次のような指摘があった事実だ。

「その事情の如何《いかん》に拘《かかわ》らず、一たび皇族の地位を去られし限り、これが皇族への復籍を認めないのは、わが皇室の古くからの法である。明治四十年の皇室典範増補〝第六条皇族の臣籍に入りたる者は、皇族に復することを得ず〟とあるは、単なる明治四十年当時の考慮によりて立法せられたるものではなく、古来の皇室の不文法を成文化されたものである。この法に異例がない訳ではないが……この不文の法は君臣の分義を厳かに守るために、極めて重要な意義を有するものであつて、元皇族の復籍と云ふことは決して望むべきではない」(葦津珍彦氏)

その上、旧宮家系の人々が、戦後の歳月の中でさまざまな好ましくない出来事にかかわ

った ケースも、残念ながらある。

たとえば東久邇稔彦《なるひこ》氏が「ひがしくに教」という新興宗教をおこそうとして法務府（現法務省）のクレームで頓挫したり（昭和二十五年）、旧宮邸の土地の返還を求めて国をくり返し訴えたようなこともあった（昭和二十四、三十七年）。

また賀陽家の当主だった恒憲氏も「日本積財会詐欺事件」をおこした会社の顧問に名前を連ねていたり（昭和二十九年）、別府市の石井組の石井一郎なる殺人未遂事件の被告の身元引受人になって、世間の注目をあつめたりしている。

すでに〝時効〟と言うべき過去の出来事ながら、旧宮家系の男性が皇族の身分を得るかも知れないという場面になると、決して望ましいことではないが、その他もろもろの醜聞にも改めて関心が寄せられることにもなりかねない。

ごく最近の出来事でも、竹田恒泰氏が代表を務める「竹田研究会」のナンバー2の幹事長が四千七百万円もの公金を騙《だま》し取った詐欺容疑で逮捕されている（平成二十八年九月二十七日）。

以上のように、「政治的要因」への対策もその妥当性と実現可能性の点で、疑問符がつく。一つのオプションとして、全面的に排除するのではないが、過大な期待は禁物だ。

男系限定と側室制度はセット

そうすると残るのは一つ。「構造的要因」への対策だ。

男系限定の皇位継承を支えてきた側室制度はすでに無い。それが復活する可能性も想定しがたい。となると、〝男系継承〟をこれまで通り維持して、皇室そのものが存続できなくなるのをそのまま見すごすか、男系「限定」を解除して、男女にかかわりなく「天皇のお子さま」には皇位継承の資格を認めて、皇室存続の可能性をしっかり手に入れるか、どちらかを選ぶしかない。

答えは当然、後者を選ぶという結論になろう。

天皇には男性でも女性でも「皇統」を引いていれば即位できる。天皇のご血統が皇統だから、女性天皇のお子さまも当然、「皇統に属する」皇族として皇位継承資格をもつ。つまり、女性天皇も女系天皇も容認する。そのように皇位継承資格を見直してこそ、側室不在という皇室の歴史における「新しい段階」に現実的に対応できる。

この点については、厳格な男系限定論者だった葦津珍彦氏も、冷静に次のように指摘しておられた。

「女系継承を認めず、しかも（側室による）庶子《しょし》継承を認めないといふ継承法は無理をまぬかれぬ」

「（側室による）皇庶子《こうしょし》の継承権を全的に否認することは、皇位継承法の根本的変革を意味する」


すでに皇位継承法は「根本的変革」を経て、新しい〝ステージ〟に移っている。にもかかわらず、旧来の「男系の男子」限定を相も変わらず維持しつづけていれば、本体の皇室そのものが存続できなくなるのは当然だ。

もし「男系限定」を〝伝統〟と見なすならば、それは「側室制度」とセットになってはじめて伝統たり得たのだった。だから、男系限定にどうしても〝こだわる〟のであれば、側室制度の復活を訴えなければツジツマが合わない。側室復活がムリなら、男系限定も同じようにムリなのだ。

これは皇位の継承だけでなく、宮家の継承も「男系の男子」に限定していては存続できなくなる。現に、今の皇室でも女子ばかりの三笠宮家、高円宮家が存続の危機に立たされている。もし旧宮家系の国民男性を皇室に迎えたとしても同じ。
しかし、皇室の継承資格を女子・女系にまで拡大することは現実的かつ有効であるにしても、妥当性の点で疑問がないのかどうか。逆にこれまで「男系の男子」に限定してきた理由は何だったのか。その点を検証しておく必要があるだろう。

男系限定の根拠

まず、昭和の典範で「男系の男子」限定を採用した理由は何か。これについては「皇室典範案に関する想定問答」（法制局）にこのように説明する。

「女系が問題になるのは、その系統の始祖たる皇族女子に皇族にあらざる配偶者が入夫として存在しその間に子孫がある場合であつて、此《こ》の場合、女系の子孫は仍《すなわ》ち皇族にあらざる配偶者の子孫で臣下であるといふことが強く感ぜられ、皇統が皇族にあらざる配偶者の家系に移つたと観念されることをも免れない。かやうな点を考へて女系を認めないのである」

ここでは「観念」を問題にしているが、事実はそうではない。

女性宮家の制度を設けた場合、皇族女性と結婚した国民男性は、今の妃殿下方と同じような手続きを踏むことになる。つまり、ご結婚と共に国民としての「戸籍」から離れ、新しく皇室の戸籍にあたる「皇統譜」に編入される。その時、それまでの家の名である「名字」を失う。つまり山田氏なら山田家の人間から皇室の人間に移ることになる。宮家の当主も女性皇族になる。そこで生まれた子は皇族と皇族の間に生まれた子だから、むろん皇室の血を引く皇族以外の何者でもない。

にもかかわらず、「想定問答」が先のような〝観念〟を問題にしたのは何故か。

それは当時（昭和二十一年頃）、シナ父系制（血統は父系＝男系のみによって継承されるとする古代シナの考え方とそれに基づく制度）に由来する古い「姓」の観念が、まだ一定の影響力を保っていたためだろう。

だが、もうそのような観念が社会に大きな影響力を与えることはなくなった。

そもそもシナ社会で「姓」は「父系で継承される父系血統の標識」であり、その背後には、次のような〝観念〟があった。

「血筋は父から男子へと伝わるものであり、血筋こそが生命の本源と考えられ、『気』という言葉で表現される。男性の『気』が『形』とされる女性の体内に入って新たな生命が誕生するのであるが、その生命の本性は父から受け継いだ『気』によって定まり、父系の血を引く男子がいるかぎり、生命の本源たる『気』は未来永劫に流れていく」（大藤修氏）

もちろん、何の科学的根拠もない、文字通り「観念」にすぎない。現代人の目からは〝妄想〟とも見えるだろう。それでもかつて日本の社会に一定の影響力をもっていたのは事実だ。そのいきさつはどうだったか。

父系の標識「姓」は過去のもの

再び大藤氏の説明を借りる。

「中国で生まれた『姓』制度は、『冊封《さくほう》』体制に組み込まれた東アジアの周辺諸国に伝播していった。冊封体制というのは、中国の皇帝が周辺諸国の王に官号・爵位を授けて君臣関係を結び、朝貢《ちょうこう》を受けるという宗主国—藩《はん》属国の体制であり、それによって前近代における国際秩序は形成されていた。官号・爵位の授与文書である冊に記された姓が中国皇帝公認の姓となり、それが契機となって姓が国内に広まっていった」

わが国の場合、五世紀の「倭の五王」の時代には皇室も〝対外的〟に「倭」の姓を名乗っていたことが、知られている（『宋書《そうじょ》』倭国伝）。しかし、倭王武が西暦四七八年に「冊封」を受けた後は、わが国の君主が冊封を受ける例はなくなった。とくに第三十三代推古《すいこ》天皇の時代の遣隋使（六〇〇年〜）以降、外交関係はもっても冊封を受けない姿勢を明確にした。

それでも「姓」の制度の受け入れは進み、日本の社会に少なからぬ影響をおよぼすことになる。

それが後代、明治の典範制定のさいにも、一方で女性・女系天皇を認める意見が有力にありながら、「男系の男子」に継承資格を限定する最大の〝観念〟的根拠になった。

伊藤博文のブレーンだった井上毅《こわし》の「謹具意見」を見ると、女帝が国民男性の「皇夫」を迎えると、その間に生まれた子は夫の「姓」を継ぐことになるから、「女系易レ姓」は認めがたいと述べている。

しかし、制度上はすでに明治四年（一八七一）の段階で事実上、廃止されたと見ることができる。同年十月の太政官布告によって、一切の公文書における姓の使用が停止され、名字のみを使用することになったからだ。もともと姓は公的な場面で使用されることが主な機能だった。よって制度面では、すでにこの時点で廃止されていたと見てよい。

だが、社会意識ではその「観念」が残存していたので、井上毅のような意見が受け入れられた。また、より稀薄化はしていても、昭和の典範で「男系の男子」限定が踏襲される理由にもなった。

だが「姓」廃止からすでに百五十年近くが経過した。現在、日常生活では〝姓〟という語はもっぱら家の名である名字と同じ意味にだけ使われている。これを「父系で継承される父系血統の標識」と認識している人は、まずいないだろう。それが実情だ。

ならば、「男系」限定の根拠はすでに〝過去のもの〟になったと判断してよかろう。

「男系」限定を支えてきた側室制度は無くなった。しかし一方で、男系限定を「強制」してきた〝姓〟の観念も、すでに過去のものとなったのだ。

双系社会の特質

それだけではない。もともとわが国は「男系」社会のシナとは異なる伝統をもっている。たとえば「姓」についても、こんな指摘があった。

「わが国の姓は、わが古代人の発明ではなく、あくまでもシナの姓氏《せいし》の制を模倣したものである。しかし、その模倣は、例えば朝鮮三国（高句麗・百済・新羅）が行ったような完全な模倣ではない」（加藤晃氏）

何故そのようなことになるのか。

それはわが国の社会が、シナのような父系制（男系社会）ではなく、父系と母系、男系と女系の双方に意味を認める「双系（双方）」制を基盤としていたからだ。

たとえば田中良之氏は、人類学および考古学の総合的研究の成果の上に立って、次のように述べている。

「わが国は当初から父系社会ではなく、東アジアの中で国家を形成していく過程で双系から父系へと転換したものである。そして、その転換も徹底したものではなく、本来の双系社会の特質を残した社会であった」（『骨が語る古代の家族』）

それゆえに、シナから律令を受け入れても重要な変更を加えることになる。その端的な例が「女帝」についての規定だ。

前近代の女系容認

日本の律令が手本とした唐の制度では、もちろん「女帝」の規定なんかない。こんな具合に（封爵令《ほうしゃくれい》）。

「皇兄弟・皇子はみな親王とせよ」（皇帝の兄弟と子はみんな〝親王〟としなさい）

ところが、これを引き継いだ日本の『養老令《ようろうりょう》』の「継嗣令《けいしりょう》」では、こうなっている。

「皇兄弟・皇子はみな親王とせよ。〈女帝の子もまた同じ〉」（……女帝の子も同じよ

うにしなさい）

日本では〝本注〟（条文にもともと備わっている注記で、それ自体が法的拘束力をもつ）をわざわざ付け加えて「女帝」についての規定を入れている。つまり、女帝の存在そのものが公式の制度上の位置付けをもっていた。その上、女帝に子ども（皇子）がいた場合は、結婚相手の皇族男性の血筋（男系）ではなく、女帝の血筋（女系）で「親王」にしなさい（一般皇族の子なら〝王〟）と規定していたのだ。これは何を意味するか。

わが国の律令制度では、男系社会のシナの場合と違って、「女帝」（女性天皇）も、その子の皇位継承資格（女系天皇）も認めていたということだ。しかもその『養老律令』については、次の事実に注目する必要がある。

「古代国家の基本法典の地位を保ち、形式的には明治初期まで国家体制を規定する法典であり続けた」（山川出版社『日本史広辞典』）

つまり前近代において制度上、「形式的には」女系天皇も容認されていたということになる。男系限定をめぐるこれまでの〝通念〟は、学問的に再吟味すると訂正しなければならない。

女系天皇の実例

『養老令』に先行する『大宝令』でも、先に引用したのと同じ規定があった。その制度下、第四十三代元明天皇の「女帝の子」として第四十四代元正天皇が皇位を継承している。母から娘への継承。まさに明確な「女系」天皇の実例だ。その父親は皇族の草壁皇子《くさかべのみこ》。しかし「継嗣令」は父親の血筋でなく、天皇である母親の血筋で（女王ではなく）内親王とせよと規定していた。よって男系ではなく、女系の天皇であったことになる。

こうした事実もこれまで見逃されがちだった。「本来の双系社会の特質を残した」わが国では、女系の天皇もとり立てて排除するにはおよばなかったのだ。

以上のようであれば、これ以上「男系の男子」限定にこだわる必要はない。むしろそれにこだわっていたら、皇室それ自体が存続できなくなる。側室不在という「構造的要因」への対策として、はっきりとその限定を解除すべきだ。

継承資格を見直す

そもそも現在の典範が認める皇位継承資格は、かつてわが国の歴史に存在したことがない、極めて窮屈な条件になっている。次の通りだ。

⑴皇統
⑵男系
⑶嫡出
⑷男子
⑸皇族

これらすべてを兼ね備えている必要がある。

まず明治の典範では側室から生まれた庶出（非嫡出）も認めていた。だから⑶という条件はなかった。次に、前近代には十代（二代は重祚《ちょうそ》）の女性天皇がいたから、⑷もなかった。さらに前述のように『大宝令』『養老令』には「女帝の子」にも皇位継承資格を認めていたから⑵もなかった。枠組みとしてはわずかに⑴と⑸だけだったのだ。

今の制度がいかに異常か、よく分かるだろう。これでは皇室が「危機」に直面するのも当然だ。可能なかぎり条件を緩和する必要がある。今後も維持すべき条件とは何か。以下の三点のみだろう。

(1)皇統
(3)嫡出
(5)皇族

(1)の皇統、つまり皇室の血統であるという条件は当然、外せない。「世襲」制の根幹を否定することになるからだ。(3)は側室が不在だから当たり前のことだ。(5)の「現に皇族であること」という条件も大切だ。皇室の血筋を引いている国民は、何も〝旧宮家〟の人々だけではない。いっぱいいる。明治以降だけでも十数人の皇族が国民の仲間入りをしている。前近代も視野に入れると果てしなく広がる。

だから(5)を外してしまうと、皇室と国民の区別がアイマイになる。その「聖域」性を守りにくくなる。

この三つの条件に絞れば当然、女性・女系天皇や女性宮家も可能になる。皇室の存続の危機も何とか脱することができるだろう。

ではその方向で制度を改めていくには、どのような典範改正が求められるのか。基本となる考え方の整理はできたので、具体的な条文の検討に移ろう。ただし、なるべく手短に説明する。

皇統に属する皇族

まずは第一条から。肝心の皇位継承の「資格」を定めた条文だ。

「皇位は、皇統に属する男系の男子が、これを継承する」

これをどう改めるか。次の通り。

「皇位は、皇統に属する皇族が、これを継承する」

このように改正すれば、(2)、(4)の限定は解除できる。最も重要な改正だ。

あとは全てこれに付随した変更と言ってよいだろう。

第二条は皇位継承の「順序」を規定している。改正案だけを掲げよう。

「①皇位は、左の順序により、（現行条文にある「皇族に」を削除）これを伝える。

一　皇長子

二　皇長孫

三　その他の皇長子の子孫
四　皇次子及びその子孫
五　その他の皇子孫
六　皇兄弟姉妹及びその子孫
七　皇伯叔父母及びその子孫
②前項各号の皇族がないときは、皇位は、それ以上で、最近親の系統（「の皇族」を削除）に、これを伝える。
③前二項の場合においては、長系を先にし、同等内では、長を先にする」

　すでに第一条に継承資格を「皇族」のみに限定したので、第二条で重ねて規定する必要はなくなり、現行条文から削除することにした。ほかは「皇兄弟」に皇姉妹、「皇伯叔父」に皇伯叔母を加えるため「母」を追加した。

　つまり、天皇の兄や弟だけでなく姉や妹、またオジ（伯父・叔父）だけでなく、オバ（伯母・叔母）も資格をもつということ。

　つづいて第五条。

「皇后、皇婿、太上天皇、太皇太后、太皇太婿、皇太后、皇太婿、親王、親王妃、内親王、

内親王配、王、王妃、女王及び女王配を皇族とする」

私の改正案では、女性皇族の内親王と女王のうち、原則としてご結婚後も皇室にとどまられるのは、天皇からの血縁が「孫」の世代までという限定がある〝内親王〟だけとした。〝女王〟にまで広げると世代制限がないために、際限なく拡大する可能性があるからだ。しかし、例外も認めるので「女王配」も加えている。

なお「后」と「妃」の区別に対応させて、女性皇族の配偶者にも「婿」と「配」の区別を設けた。

本来なら王と女王を皇籍離脱でも同等にするには、明治以来の「永世」皇族制を見直し、皇族の範囲を天皇からたとえば〝四世〟の血縁までにでも限定すればよいのだろう。そうすれば世代制限があるから、女王の宮家も普通に認められる。しかし、今はそこまで踏み込めないので、ひとまず内親王〝のみ〟とした。

女性宮家のために

ここから先はいわゆる「女性宮家」の創設にかかわる条文改正になる。

第六条。

「嫡出の皇子及び嫡（男トル）系嫡出の皇孫は、男を親王、女を内親王とし、三世以下の嫡（男トル）系嫡出の子孫を男は王、女を女王とする」

ここでの「皇子」には男女を含む。現行条文の「嫡男系」を「嫡系」に改めた。そうしないと、女性宮家のお子さまが皇族になれないからだ。

第七条。

「王又は女王が皇位を継承したときは、その兄弟姉妹たる王及び女王は、特にこれを親王及び内親王とする」

これは、「女王」も新しく皇位継承の資格を得たことによる改正だ。

第八条。

「①皇嗣たる皇子を皇太子という。皇太子のないときは、皇嗣たる皇孫を皇太孫という。
②皇太子及び皇太孫のないときは、皇嗣たる皇弟を皇太弟といい、皇嗣たる皇妹を皇太妹という」

ここの皇子も当然、男女を含む。前に述べた「皇太子」「皇太孫」がいない時のための改正も含めた。

皇室に入る場合、出る場合

皇族がご結婚によって配偶者を皇室に迎え入れる場合の規定。

第十条。

「天皇及び皇族の婚姻は、皇室会議の議を経ることを要する」

現行の条文では「立后（天皇が皇后を立てること）」「皇族男子」とある。女性天皇・女性皇族のご結婚も視野に入れた改正だ。

第十一条。皇族の身分の離脱について、「その意思に基き、皇室会議の議により」可能としている。現行条文ではその対象を「年齢十五年以上の内親王、王及び女王」とする。〝親王〟は宮家を立てるから除外している。だが、内親王による女性宮家の設置を想定するなら〝内親王〟も除外しなければならない。

その第二項で、「やむを得ない特別の事由があるときは、皇室会議の議により」親王なども「皇族の身分を離れる」としつつ、「皇太子及び皇太孫を除く」と除外規定を注記している。これを以下のように拡大する。

「親王（皇太子、皇太孫及び皇太弟を除く。）、内親王（皇太子、皇太孫及び皇太妹を除く。）……」

内親王が皇太子、皇太孫の場合も当然あり得る。

第十二条。

「女王は、天皇及び皇族以外の者と婚姻したときは、皇族の身分を離れる。但し、やむを得ない特別の事由があるときは、皇室会議の議により、皇族の身分を離れないものとすることができる」

これで内親王はご結婚後も「皇族の身分」にとどまられることになる（現行条文は「女王」ではなく「皇族女子」）。

また但し書きを追加して、皇族減少への手当てをした。これによって女王がご結婚後、皇室にとどまって女性宮家を立てられるケースもあり得ることになる。

配偶者や子どもたちの処遇

第十三条。皇族の身分を離れる皇族の家族、つまり配偶者や子供たち（直系卑属）の処遇がどうなるかについての規定。現行条文のままでは女性宮家を立てた内親王と女王のケースに対応できないので、次のように改正する。

「皇族の身分を離れる親王、内親王、王又は女王の配偶者並びに直系卑属及びその配偶者は、他の皇族と婚姻した者及びその直系卑属を除き、同時に皇族の身分を離れる。但し、直系卑属及びその配偶者については、皇室会議の議により、皇族の身分を離れないものとすることができる」

第十四条。国民で「婚姻」により「皇族の身分」を得た者が、その相手を「失った」り「離婚」した場合について。改正案だけ示す。

「皇族以外で皇族の配偶者となつた者が、その配偶者を失つたときは、その意思により、皇族の身分を離れることができる。

②前項の者が、その配偶者を失つたときは、同項による場合の外、やむを得ない特別の事由があるときは、皇室会議の議により、皇族の身分を離れる。

③第一項の者は、離婚したときは、皇族の身分を離れる。(↑現行条文のまま)

④第一項及び前項の規定は、前条の他の皇族と婚姻した者に、これを準用する」

この条文では、前条と同じく現行条文にある「女子」を削除し、「妃」や「夫」とあるのを、男女に通用できる「配偶者」に改めた。

第十五条。

「皇族以外の者及びその子孫は、天皇及び皇族と婚姻する場合を除いては、皇族となることがない」

現行条文では「女子が皇后となる場合及び皇族男子と婚姻する場合を除いては……」となっている。「女子」に限定していたのを解除し、女性の天皇・皇族との「婚姻」にも適用できるように改める。なお「皇族以外の者」には、いわゆる旧宮家系の国民男性も、もちろん含まれる。念のため。

摂政への就任順序

第十七条。摂政の就任順序の規定。太上天皇を追加する改正案は先に掲げた。しかし、さらに改正が必要になる。

「摂政は、左の順序により、成年に達した皇族が、これに就任する。

一　皇太子、皇太孫、皇太弟又は皇太妹

二　親王、内親王、王及び女王

三　皇后又は皇婿

四　太上天皇

五　皇太后又は皇太婿

六　太皇太后又は太皇太婿

②前項第二号の場合においては、皇位継承の順序に従う」

第十九条。摂政の「更迭」について。改正案はこうだ。

「摂政となる順位にあたる者が、成年に達しないため、又は前条の故障があるために、他の皇族が、摂政となつたときは、先順位にあたつていた皇族が、成年に達し、又は故障がなくなつたときでも、皇太子、皇太孫、皇太弟又は皇太妹に対する場合を除いては、摂政の任を譲ることがない」

第二十二条。天皇と「皇嗣」の成年を「十八年」とする。改正案は次の通り。

「天皇、皇太子、皇太孫、皇太弟及び皇太妹の成年は、十八年とする」

何故このような条文があるのか。「皇室典範案に関する想定問答」（法制局）には次のような説明がある。

「天皇については摂政による代行期間を短くし、皇太子、皇太孫については、摂政就任の機会を早からしめる為の措置である」

ならば「皇太弟・皇太妹」も同様とすべきだろう。

陛下か、殿下か

第二十三条の「敬称」については、皇婿にあたる立場は諸外国では〝殿下（His Imperial Highness）〟だろう。しかし、国内ではどうか。やはり「皇后」の場合と同じく「陛下」の方が自然ではないか。その立場から条文を作ると、こうだ。

「天皇、皇后、皇婿、太上天皇、太皇太后、太皇太婿、皇太后及び皇太婿の敬称は、陛下とする」

そうすると、その「葬る所」も「墓」ではなく「陵」と呼ぶべきだ。よって第二十七条はこうなる。

「天皇、皇后、皇婿、太上天皇、太皇太后、太皇太婿、皇太后及び皇太婿を葬る所を陵、その他の皇族を葬る所を墓とし、陵及び墓に関する事項は、これを陵籍及び墓籍に登録する」

典範そのものの改正はこれくらいだろう。

関連して皇室経済法（第四条第一項）に、先の「太上天皇」のほか「皇婿」「太皇太婿」「皇太婿」「皇太子配」「皇太孫配」、刑法（第二百三十二条第二項）に太上天皇のほか「皇婿」「太皇太婿」「皇太婿」を追加するなどの改正も必要になってくる。

——以上、「譲位（制）」を可能にし、さらに皇室それ自体の〝安定的〟な存続を図るという、「二つの課題」にこたえるための包括的な典範改正〝私案〟を提示した。

これによって女性・女系天皇も女性宮家も可能になる。

もちろん、法律の門外漢が手さぐりで考えた「試案」だから、さぞかし過誤や遺漏も多いだろう。しかし誰かが〝ドン・キホーテ〟になってでも「叩《たた》き台」を用意しておく必要がある。そう肚《はら》を決めてあえて提案した。

第五章　象徴天皇の逆襲

消極的な「象徴」概念

八月八日のビデオメッセージのキーワードの一つは、言うまでもなく「象徴天皇」。この言葉について見逃してはならないことがある。それは何か。憲法学上、この言葉は主にネガティブ（消極的・否定的）な概念として理解されてきたという事実だ。

たとえばこんな風に――。

「憲法が……天皇は日本国（および日本国民統合）の象徴だと規定した趣旨は……消極的に天皇が国の象徴たる役割以外の役割をもたないことを強調するにある」（宮沢俊義氏コンメンタール）

「日本国憲法においては、天皇が象徴とされるのは……その非権力性、無限力性の故である。……（憲法）第一条が特に天皇を象徴であると定めたのは、天皇はもはや（帝国憲法下のように）統治権の総攬《そうらん》者ではないということ、すなわちもはや象徴たるにすぎないことを現わすものであるということである」（佐藤功氏『日本国憲法概説〈全訂第三版〉』）

「憲法一条の象徴天皇制の主眼は、天皇が国の象徴たる役割をもつことを強調することにあるというよりも、むしろ、天皇が国の象徴たる役割以外の役割をもたないことを強調することにあると考えなければならない」（芦部信喜氏『憲法〈新版〉』）

「日本国憲法においては、憲法制定者は『象徴たるべし』という言葉で『政治権力をもってはならない』ということを表現したということである」（野中俊彦氏他『憲法Ⅰ〈第四版〉』第三章、高橋和之氏執筆）

どれも「以外……もたない」「もはや……ではない……象徴たるにすぎない」「役割をもたない」「もってはならない」などと、徹底した否定的表現ばかりだ。これは何故か。

日本国憲法の「制定者」とは？

それを解く一つの手がかりが、高橋氏の文章に出てくる「憲法制定者」という言葉。日本国憲法において「憲法制定者」とは誰か？　自明であるべき設問ながら、日本国憲法の場合、なかなか答えるのが厄介だ。というのは、三つの解答の仕方があるからだ。

一つは昭和天皇。二つ目は日本国民。三つ目は日本が敗戦後、被占領下にあった当時、最高権力を掌握していたGHQ（連合国軍最高司令官総司令部）。

まず「昭和天皇」という答え方が可能になる根拠は？　昭和二十一年（一九四六）十一月三日に憲法が公布された際、昭和天皇の「上諭《じょうゆ》」（君主のおさとし）が示されているからだ。そこには、日本国憲法が欽定（君主が定める）憲法だった大日本帝国憲法の手続き（第七十三条）に従って「改正」された、と明言している。これによれば、今の憲法も「欽定」憲法で、その〝制定者〟は昭和天皇ということになる。

だが憲法前文にはこうある。

「日本国民は、……ここに主権が国民に存することを宣言し、この憲法を確定する」

これにもとづけば、現憲法は「民定」憲法で制定者は「日本国民」という結論になる。学校教育などではそのような〝物語〟が教えられているはずだ。

しかし、以上の二つの解答ははっきり言って、どちらも法的フィクションにすぎない。実態はまるで異なる。ではその実態とは？

憲法制定の実態

日本国憲法成立の実情は以下のようだった。

「日本国憲法は、全面的にＧＨＱのコントロールの下に作成された。

日本国憲法の草案がＧＨＱによって作成されたということは、今日よく知られている。しかし、憲法草案の審議がＧＨＱの全面的なコントロールの下におかれていたということは意外に知られていない。当時、この憲法草案に対する批判は一切禁じられており、新聞、ラジオのみならず、個人の私信に至るまで厳重な検閲制度の下におかれていた。昭和二十一年に公職追放令が発令され、これによって八割もの衆議院議員が追放された。草案審議のための衆議院選挙においては立候補の自由はなく……貴族院議員の追放は一六九名に及んだ。日本国民を代表する多数派の議員たちが議会から排除されていた。議会における審議にも自由はなく、新たな提案をなす場合にはＧＨＱの事前の許可が必要であった」（長尾一紘氏『日本国憲法〔全訂第四版〕』）

「日本側に与えたといわれるもっとも決定的な圧力は、『天皇の身柄』に対する脅迫である。このような脅迫がなされるや、この点以外の憲法改正点に関する交渉で、日本側が非常に従順になったことは、誰しも理解できよう」（ロバート・ウォード氏「現行日本国憲法制定までの経過」）

「米国製憲法草案の突然の呈示と『この草案を受容《うけい》れなければ、天皇の身分の保証もできないぞ』という（GHQ民政局長）ホイットニーの提言は、全く寝耳に水の驚愕であり、かつ、明らかな脅迫であったといえる」（小森義峯氏『日本憲法大綱』）

被占領下の日本において「全面的にGHQのコントロールの下」で、しかも「『天皇の身柄』に対する脅迫」までなされながら制定されたのが日本国憲法だった。だからその〝制定者〟は実態に即せば「GHQ」そのものと言うほかない。

当然、「天皇を象徴であると定めた」のもGHQの仕事だった。ならば、「象徴」がもともとネガティブな概念と理解されてきたのも、当たり前のように思える。また、実際にその通りだった一面もある。

しかし、ことは単純ではない。実際に憲法の草案作成に関与した人々の証言を聞いてみよう。

まず憲法の一番もとになる基本原則を示したのが、GHQのマッカーサー最高司令官自身の手になる「マッカーサー・ノート」。そこには、天皇について次のように記されていた。

「天皇は、国家元首の地位にある。
皇位の継承は、世襲である。
天皇の職務および権能は、憲法に基づき行使され、憲法の定めるところにより、国民の基本的意思に応えるものとする」

この内容は「立憲君主制」を想定したものだろう。天皇を「国家元首」と明確に認めるなど、一般に想像されているよりは〝穏和な〟内容だろう。

では、それをもとに実際に天皇条項の起草にたずさわったスタッフはどんな証言をしているか。

「象徴」というアイディアはどこから？

ＧＨＱ民政局のメンバーは、チャールズ・Ｌ・ケーディス陸軍大佐らの「運営委員会」

のほかに担当ごとの〝委員会〟を作り、分担して作業をすすめた。天皇条項を担当したのはジョージ・A・ネルスン陸軍中尉とリチャード・A・プール海軍少尉。

プール氏の証言はこうだ。

「(マッカーサー・ノートの「天皇は、国家元首の地位にある」という表現を今の憲法の第一条のように変更したことについて)私たちは、天皇の地位についてこのような表現を用いることによって、天皇の品位を汚そうなどということは全く念頭にありませんでした。私たちの小さな委員会の頭にあったのは、天皇に権限のある地位ではなくて——それは既定方針でした——何か意義のある (significant) 地位を与えようというものでした。総司令部のなかにも、いろんな考え方の人たちがいて、最終案の形に落ち着いたのは、保守的な人たちと、進歩的な人たちとの意見のバランスをとったのです」(西修氏『ドキュメント　日本国憲法』)

この発言中、注目すべき点がある。彼らが「何か意義のある地位を与えよう」としていた。つまり政治的「権限」についてはネガティブながら、それ以外の領域ではポジティブな役割を想定していたという事実だ。なお政治的権限の剝奪が「既定方針」だったのは、天皇を政治的な〝独裁権力者〟と錯覚していたためだ。

「象徴」という言葉そのものについては、ケーディスがやや矛盾した証言を残している。ジャーナリストの古森義久氏が昭和五十六年（一九八一）四月に行ったインタビューでは、このように述べていた。

「たとえば天皇は政治的権限を行使することができないのなら、一体どんな存在となるのか。〝国の象徴〟とか〝国民統合の象徴〟といった表現は、実は私たちがその起草の段階でふっと考えついて、つくり出したものなのです」

これによれば「象徴」の語はGHQ民政局スタッフが「ふっと考えつい」たアイディアのように思えるだろう。しかし、憲法学者の西修氏が昭和五十九年から六十年にかけて行ったインタビューでは、こう発言していた。

「日本の人びとが確か、天皇は日本の〝象徴のようなもの〟(symbolic）と言っていたのをはっきり覚えています。私が言い出したかどうかはっきりしませんが、〝天皇は国家の象徴のようなもの〟という意識があって、それが憲法の中に書き込まれたのだと思います」

こちらの証言では、日本人が「天皇は日本の象徴のようなもの」と言っていたのに着想を得たことになる。

果たしてどちらが事実に近いのか。

GHQの「象徴」概念の積極性

今となっては、どちらが正しいとも判定しがたい。だが、二つの証言は矛盾していないとも言える。日本人が「言っていた」表現をもとに「ふっと考えついた」かも知れないからだ。

西氏は当時、日本人が、天皇を「象徴」と表現した実例を探し出している。たとえば『東京新聞』(昭和二十一年一月十七日付)に、社会党の加藤勘十議員の「天皇は民族象徴に」という談話が掲載されていた。その中で同氏は「私としては天皇は民族的表徴として存在せしむべきであると思ふ」と語っている（表徴も英語なら symbol）。

そのほか神道学者の大原康男氏は、幣原喜重郎《しではらきじゅうろう》内閣の書記官長だった楢橋渡《ならはしわたる》氏がGHQのケーディスらに次のように伝えたというエピソードを（信憑性に一定の留保をつけながら）紹介している。

「天皇は空に輝く太陽であり、主権在民、天皇は民族の象徴である」と述べたところ、彼らも「素晴しいアイディアだ」と歓迎したという。

他にも日本人が当時、「象徴」という語を使った実例がいくつか知られている。もちろん、さきの楢橋氏の発言のように、いずれも肯定的・積極的な価値判断に立つ表現だった。ケーディスが「はっきり覚えています」という「日本の人びと」の用例も、具体的に特定できなくても、おそらく同様だったと見てよいだろう。

あるいは、マッカーサー自身もこんな表現をしていた。「天皇は、すべての日本人を統合する象徴なのです（He is a symbol which unites all Japanese）」と（昭和二十一年一月二十五日付の米国統合参謀本部宛の電文）。これも明らかにポジティブな用法だろう。

その背景にはウォルター・バジョットの『英国憲政論』やヘレン・ミアーズの論文「日本国天皇」、それらの影響を受けた元駐日アメリカ大使のジョセフ・C・グルー、さらにマッカーサーの軍事秘書官だったボナー・フェラーズなどの存在があったことが知られている(中村政則氏)。

ミアーズは「天皇は、国民統合と日本の伝統的文明の連続性を象徴する」と述べていた。明らかに肯定的な表現だ。グルーらの天皇観もほぼ共通していた。

さらにイギリスのウェストミンスター憲章の影響も考えられている。それには「王位《クラウン》はイギリス連邦構成国の自由な連合の象徴」とあり、もちろん積極的な用法だ。

あるいは、新渡戸《にとべ》稲造《いなぞう》の『日本』(英文、一九三一年にニューヨークなどで刊行)に「天皇は……国民統合の象徴である」と記されていたのが影響したと想像する意見もある(小堀桂一郎氏)。

以上のようであれば、憲法での「象徴」の語も、一律にマイナスイメージだけで裁断するのは早計だろう。

戦後憲法学はGHQより自虐的

政治的「権能」を排除するという点では、「象徴」はもちろんネガティブな概念であった。しかし他方では、「何か意義のある地位」であり、「民族的表徴」「日本人を統合する」存在として、ある程度はポジティブな意義も担っていたのだ。

そこからすれば、戦後の憲法学の通説が、もっぱら「象徴たるにすぎない」「象徴たる役割をもつことを強調することにあるというよりも……以外の役割をもたないことを強調」などと一方的にマイナス評価に終始してきた事実は、明らかに異常だ。それは「憲法制定者」たるGHQの意図を超えて、さらに〝自虐的〟だったと見なければならない。

「GHQの全面的なコントロールの下」で「脅迫」によって〝押し付け〟られた憲法そのものよりも、皮肉なことに戦後の憲法学者によって唱えられた「憲法学説」の方が一層、天皇の存在意義をおとしめていたのだ。

美濃部達吉の「象徴」論

天皇をめぐる学説状況がそのようであれば、教育の現場にも悪影響がおよぶのは避けがたいだろう。中学校の社会科「公民」教科書について、次のような指摘がある。

「公民教科書は、日本歴史の中で国家の精神的中心であり続けた天皇という存在を極めて軽く扱い続ける。まず、天皇を単なる象徴として位置づけようとする。しかも、象徴とは何か、象徴は何故に必要なのか、必要だとして、何故に天皇が象徴として相応しいのか、といったことを全く教えてこなかった」（小山常実氏）

このような研究者の指摘をことさら持ち出さなくても、学校教育で天皇についてポジティブなイメージを与えられた記憶をもつ人は、ほとんどいないのではあるまいか。

こうした状況に対し、そもそも「象徴」とは神聖性と超越性、さらに歴史性をも包含した語だったことを想起する必要があるだろう。そこが「代表」や「記号」との違いだ。代表は〝同質性〟を前提とし、記号に〝歴史（由緒）性〟はない。

興味深いのは、戦時中、「天皇機関説」問題で、天皇に対して不敬であるとして弾圧された憲法学者の美濃部達吉氏が、「象徴」規定について以下のように述べていることだ。

「国家は勿論《もちろん》思想上の無形の存在であり、国民の統合と言つても唯《ただ》思想上に国民の全体を統合せられたものとして思考するといふに止《とど》まるのであるが、斯《か》かる思想上の無形の存在を形体的に表現したものは即ち天皇の御一身で、国民は天皇を国家の姿として国民統合の現れとして仰ぎ見るべきことが要求せらるるのである。それは単に倫理的感情的の要求たるに止まるものではなく、憲法の正文を以て定められて居るのであるから、必然に法律的観念たるもので、即ち国民は法律上に天皇の御一身に対し国家及び国民統合の現れとして尊崇すべき義務を負ふのである。国家の尊厳が天皇の御一身に依り表現せられ、国民は何人も其《そ》の尊厳を冒瀆すべからざる義務を負ふのである」（『日本国憲法原論』）

すなわち、憲法は天皇に「象徴たるべし」と要求している〝だけ〟ではなく、国民にも「象徴たるにふさわしく敬重すべし」と要求していると言うのだ。ほとんど見逃されている視点だろう。美濃部博士は、戦後憲法学の基礎を固めた宮沢俊義氏の恩師だっただけに、より注目すべきではあるまいか。

ところで、GHQの意図以上におとしめられ、もっぱら消極的・否定的な概念として扱われてきた「象徴」という言葉を、極めて積極的・肯定的・能動的な概念として位置付け直された方がいる。鮮やかな概念上の〝逆転〟劇と言ってよい。その方こそ、ほかでもない天皇陛下ご本人だ。

陛下は常に「象徴」という言葉を通路として天皇の〝望ましい在り方〟を追求しつづけ

てこられた。そこでは、この語はまさに天皇の「理想像」を示しているようにさえ見える。

あるべき「象徴」とは

たとえば、平成二十一年四月八日の「ご結婚五十年」のご会見の場で、このように述べておられた。

「私は即位以来、昭和天皇を始め、過去の天皇の歩んできた道に度々に思いを致し、また、日本国憲法にある『天皇は、日本国の象徴であり日本国民統合の象徴』であるという規定に心を致しつつ、国民の期待にこたえられるよう願ってきました。象徴とはどうあるべきかということはいつも私の念頭を離れず、その望ましい在り方を求めて今日に至っています」

陛下は「象徴とはどうあるべきかということはいつも私の念頭を離れず……」とおっしゃっている。〝常に〟その規範意識からご自身を律しておられるということだろう。まさにその意味でも「天皇に私なし」。

ここで注意すべきなのは、その「象徴」天皇への追求において、具体的に顧慮されているのが、「国民の期待」と「過去の天皇の歩んできた道」という二つである点。

八月八日の「お言葉」にも「いかに……人々の期待に応えていくか」「我が国の長い天皇の歴史を改めて振り返りつつ」という形で、同じポイントが出てくる。

陛下が考えておられる「象徴」は無味乾燥な抽象概念では決してない。たえず「国民の期待」「人々の期待」という現実的な緊張感を背負う。その上、「過去の天皇の……道」「長い天皇の歴史」という分厚い過去の積み重ねにも〝道しるべ〟を探っておられる。

その二重チェックにより不断に再活性化をうながされ、内実が豊かに肉づけられた概念なのだ。

これまでの天皇に例がないほど頻繁に被災地にくり返しお入りになり、海外の戦跡にまで無理を押してお出ましになり、苦しみを抱える人たちの身近に寄り添われて直接、慰めと励ましを与えようと努めてこられたのも、すべて「象徴」の「望ましい在り方」を、二つの視点から誠実に求められた〝答え〟なのだろう。

とくに〝歴史〟の中に象徴天皇のあるべき姿を再発見しておられるのは重要だ。これは「憲法制定者」はもちろん、多くの憲法学者らも思いもよらなかった着眼だろう。

陛下にとっては、天皇の「伝統的在り方」と〝象徴〟天皇が極めて整合的に捉えられているようだ。

陛下の「天皇」論

いささか長くなるが、陛下ご自身による「伝統的天皇像と現代」論のようなお言葉がある。それを引用しよう（適宜改行させていただく）。

「天皇の歴史は長く、それぞれの時代の天皇の在り方も様々です。しかし、他の国の同じような立場にある人と比べると、政治への関《かか》わり方は少なかったと思います。

天皇はそれぞれの時代の政治や社会の状況を受け入れながら、その状況の中で、国や人々のために務めを果たすよう努力してきたと思います。また文化を大切にしてきました。

このような姿が天皇の伝統的在り方と考えられます。

明治二十二年、一八八九年に発布された大日本帝国憲法は、当時の欧州の憲法を研究した上で審議を重ね、制定されたものですが、運用面ではこの天皇の伝統的在り方は生かされていたと考えられます。

大日本帝国憲法に代わって戦後に公布された日本国憲法では、天皇は日本国の象徴であり、日本国民統合の象徴であるということ、また、国政に関する権能を有しないということが規定されていますが、この規定も天皇の伝統的在り方に基づいたものと考えます。

憲法に定められた国事行為のほかに、天皇の伝統的在り方にふさわしい公務を私は務めていますが、これらの公務は戦後に始められたものが多く、平成になってから始められたものも少なくありません。

社会が変化している今日、新たな社会の要請に応えていくことは大切なことと考えています」（平成十八年六月六日）

注目すべき、天皇陛下ご自身による本格的な「天皇」論だ。極めて簡明な表現ながら内容は深い。そのポイントは次の通りだろう。

天皇の伝統的在り方

(1)天皇の「政治への関わり方は（他国に比べて）少なかった」（権威と権力の分離）。

(2)「天皇はそれぞれの時代の……状況の中で、国や人々のために務めを果たすよう努力してきた」（時代による制約と時代を超えた献身）。

(3)「（天皇は）文化を大切にしてきた」（この場合の「文化」とはおそらく祭祀や和歌などを主に指すだろう）。

(4)以上の(1)～(3)が「天皇の伝統的在り方」だった。

(5)大日本帝国憲法も「運用面では……天皇の伝統的在り方は生かされていた」。

(6)日本国憲法の「規定も天皇の伝統的在り方に基づいたもの」。
(7)ご自身が「天皇の伝統的在り方にふさわしい公務」に取り組んでこられた(政治とは違う場でのご献身)。
(8)それらは「戦後に始められたものが多く、平成になってから始められたものも少なくない(「伝統的在り方」が過去にだけ属すのでなく、つねに新しい時代に向けて開かれているという見方)。
(9)「新たな社会の要請に応えていくことは大切」。

キーワードは「天皇の伝統的在り方」。

その一点から長い天皇の全歴史を俯瞰《ふかん》され、ご自身の〝なすべきこと〟も導かれ、現代へのご姿勢も決しておられる。まことに透徹したご見識だろう。

そこでは「象徴天皇」すらも相対化されている。基準となるのは、あくまで「天皇の伝統的在り方」であって、それ以外ではない。

日本国憲法の〝象徴〟制も、それに「基づいたもの」だから受け入れられる、という評価だ。

帝国憲法下の天皇

もし「象徴天皇」そのものを基準としていたら、帝国憲法下の天皇の〝在り方〟はどう評価されるか。ほぼ全否定されることになりかねない。だが陛下の基準は「天皇の伝統的在り方」。よって、「運用面では……」という穏当な位置付けがなされる。

さらに「当時の欧州の憲法を研究し……」という言及のされ方を見ても、帝国憲法下に特殊な〝絶対主義的天皇制〟が存在していたと考える戦後歴史学界の〝以前の〟通説を、つき放してご覧になっていることが分かる。

公平に他国と比較する冷静で客観的な見方だ。

陛下は、すでに皇太子時代にこんな発言もされている。

「美濃部（達吉）博士は戦後もたしか、大日本帝国憲法のままでもやっていけると述べているわけですね」（昭和六十二年十二月十六日）

今の憲法擁護の立場から一方的に帝国憲法を断罪するような態度は、決して取っておられない。

さらに明治天皇への見方もこんな風だ。

「明治天皇が政治的な発言をしたことはあまりないいんじゃないかと思います。……そうい

う意味で明治天皇のあり方も、政治とは離れた面が強かったとはいえると思いますけど」（同）

その上、ややもすると帝国憲法下の日本を「戦前」とひとくくりにする時代観に陥りがちな傾向がある中で、明治から昭和前期までの時代変遷についても、こまやかに目を注いでおられる。

「昔の日本では、人々は天皇に対し多様な見方を持っていました。しかし、一九三〇年代から終戦までの間は、国民は一つの天皇観しか持つことができませんでした。したがって、戦時と戦後の天皇観における違いは憲法の条文の違い以上に明白でした」（昭和六十二年九月二十八日）

「大日本帝国憲法のいろんな解釈ができた時代から、できなくなってしまった時代ということですね。その時にある一つの型にだけ決まってしまった」（同年十二月十六日）

陛下は「長い天皇の歴史」における「天皇の伝統的在り方」こそを基準にしておられる。だから、帝国憲法下でも「運用面で」その「伝統的在り方」が保たれていた時代と、そこから離れた時代（一九三〇年代から終戦までの間）があったとの見方を持ち得るのだろう。

戦後の「象徴」天皇制についても、「それぞれの時代の政治や社会の状況を受け入れながら」いかにして「国や人々のために務めを果たす」か、という大きな歴史的観点から、そこに積極的、肯定的、能動的な〝意味付け〟をなさっているのだ。GHQを「制定者」とする憲法に盛り込まれた天皇についての規定さえ、「伝統的在り方に基づいたもの」とされる〝読み込み〟も、そうした陛下の主体的な態度があって〝こそ〟。そこを見落としてはならない。

象徴の「逆転」

そもそも日本国憲法とはどのような性格のものか。次のような指摘がほぼ的を射ているだろう。

「日本国憲法は、GHQが日本を敵性国とみなしている時期に作成された。GHQは、一時、日本の半永久的な保護国化を企図していたかと思われる。日本国憲法は、このような占領初期におけるアメリカの対日対策の所産である」（前出長尾氏）

それは決して日本の「自立」を〝支援〟するような性格をもっていない。天皇に対しても、その強大な（？）「権力」を〝解体〟するという（やや的外れな）目的をもって「象徴」規定を導入したはずだ。その方面のGHQの意図に（頼まれもしないのに）最も〝忠実〟に振る舞ってきたのが戦後の憲法学者の主流だろう。

しかし一方で、GHQは占領行政の円滑化のために、「天皇」という地位それ自体まで否定することはできなかった。つまり天皇から「統治権の総攬」を〝引き算〟したら、残ったのが「象徴」だったという構図だろう。その着想はさきにも述べたように、直接には日本人から得た可能性もある。この「象徴」という言葉自体、神聖性、超越性、歴史（由緒）性を包含した〝プラス〟概念の用語だった。

天皇陛下はそこに着目された。それを逆手《さかて》に取って、「天皇の伝統的在り方」の視点からむしろ主体的、能動的に〝意味付け〟されたのだ。

それはさきにも紹介したように、皇太子時代にすでに見られたご態度だった。このようなご発言もある。

「日本の天皇は文化といったものを非常に大事にして、権力がある独裁者というような人は天皇の中では非常に少ないわけですね。そういった特色が長い間あるわけです。この象徴というものは決して戦後にできたものではなくて、非常に古い時代から象徴的存在だっ

たといっていいと思うんです」（昭和五十三年八月十日）

客観的には「象徴」天皇は〝押し付け〟られた制度だった。しかし、ＧＨＱの強権によっても否定しきれなかった日本人の〝聖域〟という側面もある。陛下はむしろその聖域として残された「象徴」こそ、各時代による変化を超えて一貫する「天皇の伝統的在り方」と見定められた。

その上で、その〝伝統〟をいかに「現代」に生かすかを追求されたのだ。実にしたたかで、しなやかなご姿勢ではあるまいか。

歴史の中の「象徴」

以下も皇太子時代のご発言。

「日本の皇室は、長い歴史を通じて、政治を動かしてきた時期はきわめて短いのが特徴であり、外国にはない例ではないかと思っています。

政治から離れた立場で国民の苦しみに心を寄せたという過去の天皇の話は、象徴という言葉で表わすのに最もふさわしいあり方ではないかと思っています。私も日本の皇室のあり方としては、そのようなものでありたいと思っています」（昭和五十九年四月六日「ご

結婚二十五年」のご会見)

「天皇が国民の象徴であるというあり方が、理想的だと思います。天皇は政治を動かす立場になく、伝統的に国民と苦楽をともにするという精神的立場に立っています。

このことは、疫病の流行や飢饉に当たって、民生の安定を祈念する嵯峨天皇以来の写経の精神や、また、『朕《ちん》、民の父母と為《な》りて徳覆うこと能《あた》わず。甚だ自ら痛む』という後奈良天皇の写経の奥書《おくがき》などによっても表されていると思います」(昭和六十一年五月二十六日)

「象徴である」ことが「理想的」とまで言い切っておられる。のちに即位されてから、ここでのご発言の通りにまさに天皇として実践してこられた事実は、私どもがよく承知していることだ。

天皇の存在様式

ではここで、天皇の「歴史的」な存在様式について、駆け足で整理してみよう。「権威と権力」による二重統治という視点から。

天皇は長く国家統治の〝正統性〟を保証する「権威」という立場を維持してこられた。

その意味で国家の公的秩序の「頂点」でありつづけてきた。

一方、実際に統治上の「権力」を掌握し、行使する者は、それぞれの時代によって交代した。これからも交代していくだろう。

しかし、わが国において長く将来にわたる国家統治の安定的な持続を望むなら、古代からつづいてきた「権威と権力」による二重統治という〝形式〟は、今後も維持されるべきだろう。

「天皇」という称号が初めて登場したのは、最初の〝女帝〟推古天皇の時代だろう（天武《てんむ》天皇説は採用しない。詳しくは拙著『謎とき「日本」誕生』ちくま新書など参照）。当時の統治のあり方はどうだったか。吉田孝氏の指摘がある。

「彼女（推古天皇）と厩戸皇子《うまやどのみこ》（聖徳太子）は——卑弥呼とその男弟と同じように——複式王権の一類型……でもあった」（『歴史のなかの天皇』）

ここで「複式王権」と表現されているのは、さきに述べた〝二重統治〟とほぼ重なる。『上宮聖徳法王帝説《じょうぐうしょうとくほうおうていせつ》』には「（聖徳太子と蘇我馬子が）共に天下の政《まつりごと》を輔《たす》け」たとあるので当時、「大臣《おおおみ》」だった蘇我馬子も「権力」サイドの担当者に加えていいだろう。

「律令」体制下ではどうだったか。手本となった古代シナの唐の中央機構は、完全に皇帝の〝専制〟権力を支える仕組みになっていた。国政上の発案権を「中書省《ちゅうしょしょう》」、審議権を「門下省《もんか》」、執行権を「尚書省《しょうしょ》」が分担し、それらを統括するのは皇帝だけ。権威も権力も皇帝が独占する体制だ。

これに対し、日本では違った。次のような指摘がある。


「唐の三省鼎立《ていりつ》（三省が並び立つ）の体制と比較するならば、日本の太政官制《だいじょうかん》は発案権と審議権と執行権を統合しているのであって、太政官の長官たる太政大臣・左右大臣は天皇とともに、国政統括の権限を有したと言わなければならない」（石尾芳久氏）

このようであれば、律令体制下の太政官は国政「権力」を〝統括〟的に担う機関だったと言える。

平安時代の統治「形式」については、このように見られている。

「天皇は支配階級の結節点に絶対化された権威として位置し、公卿《くぎょう》らは天皇の名において国政を審議し遂行するのである」（早川庄八氏）

ここに至って「権威」と「権力」はより明確に分立したと見られよう。その延長線上に武家権力の登場がある。

二重統治の「象徴天皇制」

鎌倉時代以後については、次のような指摘がある。

「承久《じょうきゅう》の変（一二二一年）以降の推移を回顧すると、後醍醐（天皇）の討幕運動を例外とすれば、中近世を通じて、武家を執政（国政の実務をとること）とする『象徴天皇制』は、長期安定的に、それなりの定着をみていたのではないか」（今谷明氏）

承久の変以降は、「中近世を通じて」天皇を〝権威〟とする二重統治の「象徴天皇制」が「定着」していたという見方だ。

では明治以降はどうだったか。

帝国憲法下の天皇についても、〝絶対主義的〟天皇制なんぞは存在せず、立憲君主として国務大臣（内閣）や帝国議会などの〝同意〟（輔弼《ほひつ》・協賛）によってのみ君主権を行使できる、という制限の下におかれていた。まさしく――

「君主の独裁政治、恣意的な専制政治を行うことが困難な体制であった」（鈴木正幸氏）

魂のように現存する天皇

大正時代にフランスから派遣された駐日大使で、「二十世紀象徴主義」を代表する詩人だったポール・クローデルは、「明治」というエッセイを書いている。そこに天皇という存在への深い洞察が見られる。これまで述べてきたことと大きく重なるので、ここに引用する。

「日本の天皇は魂のように現存する。彼は常にそこに居るものであり、いつまでも居続けるものである。正確にはそれがどのようにして始まったのかは知られていない。だが、それがいつまでも終わらないであろうことは誰もが知っている。個々の行動を天皇に帰するのは不都合であるし、不敬でもあろう。彼は介入しない。民の問題に労働者のように口をさしはさみはしない。だが、彼がそこに居なければ、物ごとはそれまでのように立ちゆかなくなるであろうこと、たちまち物ごとが頓挫し、逸脱してしまうであろうことは知られるとおりである」(『天皇国見聞記』)

天皇は「個々」の〝世俗的〟な政治問題に対して「労働者のように口をさしはさみはしない」。むしろ、そうした権力的な次元を超えた〝高み〟に「魂のように現存する」。そのような位置におられるからこそ、政治上の対立や権力闘争を超越して「いつまでも居続ける」ことができ、「いつまでも終わらない」ことが可能になるのだ。それはまさに「外国にはない例」だろう。

わが国の天皇が異例の長期にわたって存続し得た〝秘密〟も、この点を除外しては解明できないだろう。

世界最古の血統

念のために、わが国の皇室の血統が世界の君主国の王室と比べ、格段に古いことを確認しておく。

現在、世界には二十八の君主国がある（アンドラとバチカンを除く）。これらのうち、比較的古い部類に入るのが次のような国々だ。

●デンマークのグリュックスブルク家（一八六三年〜）
●ベルギーのザクセン・コーブルク家（一八三一年〜）
●オランダのオランニエ＝ナッサウ家（一八一五年〜）
●タイのチャクリ王朝（一七八二年〜）
●オマーンのブー・サイード王朝（一七四一年〜）
●イギリスのウィンザー家（一七一四年〜）

およそ十八世紀初頭から十九世紀半ば以来の血統ということになる。
これに対してわが国の皇室はどうか。はるかに古くさかのぼる。

五世紀以前にさかのぼる

五世紀後半の第二十一代雄略天皇（大泊瀬幼武天皇《おおはつせわかたけるてんのう》）の実在を疑う歴史学者はいないだろう。埼玉県行田市の稲荷山《いなりやま》古墳から出土した西暦四七一年の鉄剣の銘文に「獲加多支鹵《ワカタケル》大王」という名前を確認できるからだ（熊本県の江田船山《えたふなやま》古墳の大刀銘にも）。

その銘文には雄略天皇の朝廷に仕えたヲワケの臣《おみ》の八代にわたる系譜と共に、「代々の君主の治世にわが一族は奉仕してきた」という趣旨の文言がある。そうすると、これ以前にまで皇室の血筋はさかのぼることになる。

また、雄略天皇（倭王武）がその頃のシナ南朝の宋の皇帝に送った「上表文」が『宋書』倭国伝に載せられている。そこでは自分の祖先の功業をこのように誇っていた。

「昔からわが祖先は自らよろいかぶとを身に着け、山野をこえ川を渡って……東方では毛人《もうじん》の五十五カ国を征服し、西方では衆夷《しゅうい》の六十六カ国を服属させ、海を渡っては北の九十五カ国を平定した」と。

この描写は、三世紀から五世紀にかけて、大和朝廷の発展を示すと見られている前方後円墳が、連続的に西日本、東日本の各地に広がっている状況（石野博信氏編『全国古墳編年集成』）と、ぴったり重なる。

その上、『宋書』に出てくる「倭の五王」が同じ血筋だったことも分かる（拙著『日本の10大天皇』幻冬舎新書を参照)。

もっとも、六世紀初めに登場した第二十六代継体天皇で血筋が断絶したと主張する「王朝交替」説が以前はあった。しかし、和歌山県の隅田《すだ》八幡《はちまん》神社に伝わる西暦五〇三年に作られた人物画像鏡の銘文に、即位前の継体天皇のことを「男弟《オホド》(孚弟《フト》)王」と記している。同時代史料に「王」とある以上、皇室の血統を引いた人物と見るしかない。血筋の交替はなかった。

そうすると、皇室の血統は大和朝廷が成立した三世紀頃まではさかのぼると見てよいだろう。

さきに紹介した各国王家の年代と比べると、千数百年も古い。日本は世界でも飛び抜けて古い、最古の君主の家柄を戴く国だ。そのことを改めて確認しておく。

では、そのような長期にわたる存続を可能にした条件は何か。

天皇は何故つづいたか

一つは、「異民族」の征圧による国家の滅亡を経験しなかったということ。この事実がもつ意味は大きい。すでに次のような指摘がある。

「日本国家の歴史の場合は……統一国家形成以降、まったく異質の権力形態と文化様式をもつ外来『異民族』勢力によって、長期にわたって国家権力が占取されるということがなく……そのために先行国家の枠組《わくぐみ》と価値観から転換させられるような歴史的断絶を体験しなかった」(深谷克己氏)

確かに、もし十三世紀の二度にわたる「蒙古襲来」を首尾よく撃退できず、わが国がモンゴル帝国の全面的な支配下に長くおかれるような事態になっていたら、その後の歴史は全く違ったものになっていただろう。果たして「天皇」も存続できたかどうか。非常に危うい場面であった。

世俗的政治権力をもたなかった

だが、外敵によらずして王朝が滅びる例も珍しくない。わが国の場合も、異民族による支配がなかったという理由だけでは説明が不十分だろう。当然、国内の条件にも目を向ける必要がある。それについては、このような分析もある。

「一つには、天皇に強大な権力がなかったということが考えられます。世俗的な政治権力が絶大であれば、そう長い伝統を保つことはできない。力あるものは、必ず力によって滅ぼされる。奢《おご》る者は久しからずであります。政治家のような権力のなかったことが、長続きした大きな原因であろうと思います。

それから天皇の側においても、常に君徳《くんとく》の涵養《かんよう》につとめて、『自分は国民の父母《ふぼ》である』という観念を抱き、それを実行していたこと、国民の側でも伝統や権威を重んじていたことなどを、もちろん考えねばなりません」（坂本太郎氏）

ここで「世俗的な政治権力」から離れていたという条件を特筆しているのは注目すべきだろう。

それこそが、天皇が「いつまでも終わらない」大きな理由とされているからだ。

しかし、ここに素朴な疑問が浮上するだろう。「政治権力」から切り離されたら、逆に存続そのものが困難になるのではないか。権力的に〝ひ弱な〟天皇が何故存続できたのか、と。

血統と地位の権威

それはわが古代国家の確立期において、「天皇」は国家の「公的」統治そのものを体現する〝役割〟を背負って登場したことに由来する。

国家の発展により、やがて有力豪族層の利益の確保ばかりでなく、豪族の支配下にあった民衆の生活にも責任を負うべき段階に達する（七世紀）。その時、〝天皇〟は豪族層の民衆への「私的」な支配を制限し、排除すべき国家の「公的」統治を代表する地位として、歴史に登場したのだ。

その場合、このような地位に就任するのは、大和朝廷が成立したはじめからリーダーとしての立場を受け継いできた皇室の血筋の人物以外は、とても受け入れられないというのが、すでに当時の有力者らの強い〝合意〟だった。

その血統も地位も、はじめから他を圧する権威の高さがあった。

それに加えて、その地位にふさわしく「君徳の涵養につとめて、『自分は国民の父母である』という観念を抱き、それを実行して」きたという大切な事実がある。こちらも軽視してはならない。

権力の限界

国家には必ず「権力」が必要だ。外敵の侵略に対抗し、国内の秩序を維持しなければならないからだ。

しかし、外敵には「力」だけで対抗できても、国内の場合はそうはいかない。〝むきだしの暴力〟だけでは、とても秩序の長期的な安定は期待できない。人々がその秩序を「正しい」と信じて、受け入れられる〝根拠〟が必要になる。

権力は「外から」人々に服従を〝強制〟する。だが、それが権威による「内から」の同意と恭順に支えられなければ、どうなるか。恐怖と「面従腹背」を生み出しつづけ、やがて限界に達する。

この間の消息について、グリエルモ・フェレーロはこんなことを述べている。

「強制は人をその意思に屈服させることができるが、反抗させることもできる。……もし服従者が彼の服従している権力を常に恐れているならば、権力もその統治する服従者を常に恐れているのである」（『権力論』）

わが国において、そのような〝恐怖〟の無限連鎖を断ち切り得る存在は歴史上、ひとり天皇のみだった。

究極の「公」の体現者

日本では平清盛が太政大臣に就任して（一一六七年）最初の武家権力を打ち立ててから、江戸幕府最後の将軍、徳川慶喜が大政奉還する（一八六七年）まで七百年もの歳月が流れた。しかしその間、武力も政治の実権も経済力さえ失った天皇の存在に対し、それを否定する実効的な動きは、ついに現れなかった。それは、わが国における歴史に担保された究極の「公」の体現者である天皇の「権威」によって正統化されてこそ、彼らの世俗的「権力」は安定性を確保できるからだ。

だから「権力」をもたなくても天皇は存続できた。むしろ権力から離れた〝高み〟に立っていたからこそ、その栄枯盛衰と運命を共にすることを免れたのだった。

陛下はその歴史の真相を洞察された。

「象徴天皇制」の完成へ

国政の実権は、その時代ごとの権力者に委ねながら、自らが「国民の父母である」との自覚はもちつづける。言うはやすくして、実際に行うのは至難なこと。しかし、それを貫いたからこそ皇室の存続がある。

その「天皇の伝統的在り方」の現代にふさわしい形こそ、もともとはGHQから〝押し付け〟られたはずの「象徴」天皇――というのが陛下のダイナミックで逆説的なお考えだろう。

しかも陛下は、その「象徴天皇制」を〝完成〟させようと目指しておられるのではないか。このたびの譲位制へのお気持ちは、明らかにその一環（しかも主要な）だろう。

その他に、先年にご意向を示された土葬から火葬への転換、八月八日のお言葉で言及された「殯《もがり》の行事」「喪儀《そうぎ》に関連する行事」の見直しなども、その完成に向けた重要なステップだろう。

しめくくりに、それらについても触れておこう。

陵と葬儀の見直し

平成二十五年（二〇一三）十一月十四日、宮内庁は両陛下のご意向によって、これまでの「陵と葬儀」のあり方を変更することを公表した。

最も注目を集めたのは、それまでの土葬を「火葬」に改める方針が示されたことだ。さらに〝陵〟も縮小することに。前年四月にはすでに見直しについて、当時の羽毛田信吾《はけたしんご》長官が明らかにしていた。

その前年の平成二十四年頃には、すでに陛下は「譲位」のお気持ちを周囲に語られていた。平成二十二年七月二十二日に、天皇のお住まいである御所で開かれた定例の〝参与会議〟の席で、陛下は「私は譲位すべきだと思っている」と述べられたという（『文藝春秋』平成二十八年十月号）。そうすると、「陵と葬儀」の見直しと「譲位」は当然、つながっていると見なければならない。

現に、羽毛田長官が両陛下が〝葬儀〟の見直しを指示された理由として挙げている中に「葬儀全体を極力国民生活への影響の少ないものとしたい」というご意向があった。

これと、八月八日のお言葉にある「殯の行事」「喪儀に関連する行事」の簡素化へのお気持ちは、まさに重なる。

「古式」から「伝統」へ

昭和天皇の「大喪の儀式」は平成元年一月八日から翌二年一月七日まで行われている。まさに一年間をかけての行事だ。

天皇の国事行為として行われた「大喪の礼」のほかに、槻殿《しんでん》行事二、大喪儀が二十九、関連行事六、大喪儀に伴う儀式三、と行事が目白押し。

しかし、それらの行事はほぼ「旧皇室喪儀令」にもとづいたもの。皇室喪儀令は大正十五年（一九二六）十月二十一日に公布され、厳密な意味で同令に依拠して行われた天皇の「大喪」は、大正天皇の例だけ。ただし、その内容は明治天皇の前例を踏襲していた。一方、明治天皇の一代前の孝明天皇の喪儀が「近代の天皇大喪儀の端緒的な前提を形成する意義を有していた」とか、同喪儀での山陵の造営などが「奈良・平安期以来の朝廷の『薄葬』（簡素な葬儀）の伝統の否定」（武田秀章氏）と評価されているように、前近代の「伝統」とは異質な〝行事〟になっていた。

「明治以来の天皇喪葬儀礼については、平安期とそれ以前の古式に則った形式を伝えている」とされる一方、その内実は「記録類を参照しながら衆知を尽して万全の形式を再興されたものであろう」（岡田荘司氏）という。あるいは――

「明治天皇の葬儀は、いかにも古式らしい形で創作されたものだ。創作というと、従来なかったものをでっち上げたような印象を受けるかもしれないが、正確にいえばそうでもない。天武（天皇）の葬儀を含め、『日本書紀』を参考に古代の各時代の儀式の要素を摘みだし、再構成したといったほうがいいかもしれない……これを原型として、その後の天皇の葬儀は『古式』が忠実に行われていった」（井上亮氏）とも。

それを見直そう、とおっしゃっているのだ。それは〝古式〟から「伝統」への回帰と評価できるかも知れない。あるいは、現代における「天皇の伝統的在り方」の探究と言うべきか。

譲位と火葬の伝統

実際、次のような事実を指摘できる。

まず「譲位」については、第四十一代持統天皇以降、第百二十一代孝明天皇までの八十一代中、五十七代がそれに当たる。約四分の三。譲位をしなかったのは特別の事情があったケースが多い。この間の「天皇の伝統的在り方」はむしろ〝譲位〟による皇位継承の方だった。

次に「火葬」は、第四十一代持統天皇が初例。その後、第六十四代円融天皇から火葬が常態化する。土葬が復活するのは第百十代後光明天皇が崩御された承応三年（一六五四）のこと。その間、土葬が確認できるのは八代のみ。

モガリはどうか。モガリとは――

「死者を感情の上では断定的に死んだものとは認めきれずに、死屍《しし》を安置したところ、つまり喪屋《もや》で故人の遺族とか関係者が、当人がさながら生きていますかのごとくに接して、食事や歌舞を共にしたり、哭泣《こっきゅう》してよみがえりを切願したりする。それも連日連夜にわたってつまり通夜して行う。これがモガリである」（和歌森太郎氏）とされる。

天皇の場合はさらに山陵（古墳）造営などのためにモガリが長期化し、古代シナ文化の影響もあって儀礼化が進む。

モガリの「復古」

実例を見ると、そのモガリの期間の長さは以下の通り。

●第二十九代欽明《きんめい》天皇（五三九～五七一年）＝四カ月。
●第三十代敏達《びだつ》天皇（五七二～五八五年）＝五年八カ月。

●第三十三代推古天皇（五九二～六二八年）＝六カ月。
●第三十四代舒明《じょめい》天皇（六二九～六四一年）＝一年二カ月。
●第三十六代孝徳《こうとく》天皇（六四五～六五四年）＝二カ月。
●第三十七代斉明天皇（六五五～六六一年）＝五年三カ月。
●第三十八代天智《てんじ》天皇（〈称制六六一～〉六六八～六七一年）＝不明。
●第四十代天武天皇（六七三～六八六年）＝二年二カ月。
●第四十一代持統天皇（〈称制六八六～〉六九〇～六九七年）＝一年。
●第四十二代文武《もんむ》天皇（六九七～七〇七年）＝五カ月。

現代の感覚では信じられないような長さだろう（とくに五年以上とか）。そのことが社会に過重な負担をもたらし、長期の「天皇」不在による政治の不安定化を招来したことは、容易に想像できる。その結果、葬喪儀礼の簡素化を求める「薄葬」の思想が現れる。そして「文武天皇を最後に殯が消失していった」（和田萃《あつむ》氏）、「以後も殯宮《ひんきゅう》儀礼は形式的には続けられるが……まったく形骸化する」（前出井上氏）との指摘がある。その転換に大きな役割を果たしたのは〝火葬〟の採用だったようだ。

明治天皇などの「大喪」は、そうした六・七世紀頃のモガリを回想しつつ、〝復古〟的に「再構成」したものと見ることができる。そのことは、もちろん当時にはしかるべき歴史的意義があったはずだ。少なくとも、江戸時代とは異なる天皇の位置付けを、目に見え、実感できる形で荘厳に国民に示す意義をもっただろう。それを否定するにはおよばない。弱肉強食の帝国主義の時代に国際社会の荒波を乗り越えるためには「武装せる天皇制」(林房雄氏)が必要とされていたからだ。

しかし、陛下は「象徴」天皇という制度の将来を展望した時、もう一度「天皇の伝統的在り方」として〝譲位〟〝火葬〟〝薄葬〟を、現代にふさわしい形で取り戻すべきだと考えておられるようだ。そのような転換を通じてこそ、「象徴」天皇という制度は〝完成〟できると考えておられるのだろうか。

宮内庁に「独立性」を

おそらく陛下はもっと先まで見通しておられるのではないか。

私が考えても、なお「国民統合の象徴」たる天皇の〝務め〟を万全たらしめるのに、重大な欠陥が目につく。

たとえば宮内庁の位置付け。

先般も首相官邸のバリバリの現役幹部職員だった人物が、これまでに例のない形で次の宮内庁長官を狙う「次長」に配属されて、人々を驚かせた（平成二十八年九月二十六日）。普通なら各省庁の事務方トップの事務次官経験者が一旦退官して、「政治的中立」の立場になってから就任するのが慣例。政治任用は御法度だ。

ところが首相官邸がダイレクトに宮内庁をコントロールする形を作ろうとしている。「国民統合の象徴」である天皇を支える宮内庁が、首相官邸の直接のコントロール下に置かれることは、特定の政党や政権とは距離をとってこそ保たれる公平中立性への信頼を、大きく損いかねない。

この点については、次のような問題提起もある。

「皇室の有する世俗からの超越性をそのお世話組織の位置づけに多少なりとも反映させ、もう少し内閣からの独立性をもたせる（たとえば人事院、あるいは……会計検査院のように）ことも検討の余地があるのではないか」（園部逸夫氏）

一朝一夕では解決できないものの、宮内庁をどのように位置付けるのが、「国民統合の象徴」たる天皇を支える機関としてふさわしいかは、軽視できない問題だろう。

皇室財産と皇室典範の問題

あるいは占領下に〝解体〟された皇室財産。これをそのままにしておいてよいのか。

皇室財産はもちろん皇室の〝私産〟ではなかった。公権的解釈では、その主体は「天皇のご意向をうけて天皇の御用に役立つための公法人としての財団」とされていた（酒巻芳男氏）。

その存在意義については、福沢諭吉の意見に耳を傾ける必要がある。

「皇室は政治圏外に超然として、学問芸術等の諸文化を保護し、道徳的人心を重厚に導き、博愛、慈善の業を興すなど、世俗国家の力の及ばない社会全領域での高尚にして偉大な活動をなさらねばならない。それには当然に大きな皇室財産の基礎を要する」（葦津珍彦氏の要約）

また、帝室会計審査局長官で侍従次長を務めた木下道雄氏の証言も貴重だ。

それによると、昭和天皇は国民のためになる支出については大きな額でも即座に裁可されながら、ご自身のための支出についてはわずかな金額でも躊躇され慎重にお考えになっていたという（『宮中見聞録』）。

そうした事実から、木下氏は「皇室財産は国民のための貯蓄である」と述べている。皇室に何らの財産もないまま、必要な経費もすべて「世俗的」政治対立の場である国会の議決に委ねている現在の状況にも、不安がある。

さらに今回の「譲位」をめぐる問題の根源にあるのは、皇室の基本法と言うべき皇室典範が憲法上、もっぱら「国会の議決」のみに委ねられているという事実だ。

典範の中身には「国政」にかかわる条文は皆無。にもかかわらず、政府と国会〝だけ〟がその改正にかかわることができる。その一方で当事者の皇室の方には一切、関与できない。ずいぶん奇妙な話だろう。

歴史のパラドックス

これらは全てＧＨＱの皇室への〝誤解〟か悪意が原因だ。

皇室を日本最大の「財閥」で「強大な権力者」と錯覚していた。だから皇室財産を解体し、皇室自律主義を排し、徹底した〝民主主義的〟コントロールの下に置こうとしたのだ。だがそれは、「世俗的」政治対立を超えた〝高み〟にあって、一視同仁、公平無私な立場にあるべき「象徴」天皇の〝務め〟を十分に果たされる上で、大きなマイナスになりかねない。

その上、戦後の憲法学は天皇をもっぱら「ロボット的存在」(宮沢俊義氏)と見なそうとした。しかし、皇太子時代の陛下はこうおっしゃっている。

「立場上、ある意味ではロボットになることも必要だが、それだけであってはいけない。その調和がむずかしい」(昭和四十四年八月十二日)

その「調和」を陛下は歴史の中に、つまり「天皇の伝統的在り方」において発見されたのではなかろうか。

もともと〝押し付け〟られたはずの「象徴」天皇のあるべき姿を、妥協なく徹底して追求する。そのことで、かえって「天皇の伝統的在り方」の最も大切な部分が現代によみがえる。壮大な歴史のパラドックスだ。

その道筋を陛下が自ら実践され、行く手を国民に指し示して下さっているように思われる。

――我《わが》帝室（皇室）は日本人民の精神を収攬《しゅうらん》するの中心なり。其功徳《そのこうとく》至大なりと云ふ可《べ》し。国会の政府は二様の政党相《あい》争ふて、火の如《ごと》く水の如く盛夏の如く厳冬の如くならんと雖《いえ》ども、帝室は独り万年の春にして、人民これを仰げば悠然として和気を催ふす可し。国会の政府より頒布する法令は其冷なること水の如く、其情の薄きこと紙の如くなりと雖ども、帝室の恩徳は其甘きこと飴の如くして、人民これを仰げば以て其慍《いかり》を解く可し。何《いず》れも皆《みな》政治社外に在《あ》るに非《あら》ざれば行はる可らざる事なり。

（福沢諭吉『帝室論』）

おわりに

本書執筆の話が持ち上がったのは今年の七月下旬。その時の予定では八・九月で腰を落ち着けて原稿を仕上げるつもりだった。

しかし、その時点ですでに〝予感〟はあったものの、まさか八月から九月上旬にかけて、ほとんど執筆にかかれなくなるとまでは考えていなかった。

生前退位をめぐってテレビへの出演や新聞、週刊誌、通信社からの取材、雑誌原稿や講演の依頼などが殺到し、にわかに身辺が繁忙を極める状態に陥ってしまった。

世上、首をかしげる言説が横行する状況の中で、非力ながら少しでもそれらによる誤解や錯覚を是正する必要があった。だから極力、さまざまな依頼には応じてきた。

そのため、本書の執筆は九月中旬から十月の初めにかけて、隙間を見つけて集中的に進める仕儀となった。

政府は先頃、「天皇の公務の負担軽減等に関する有識者会議」というものを立ち上げた。

この会議名そのものに奇妙な印象を受けた国民も少なくないだろう。

天皇陛下は八月八日の「お言葉」で公務をいたずらに軽減することは望まれていないお気持ちを、率直に表明されていたからだ。

政府としては「陛下のご指示でやっている訳ではない。だから憲法違反ではない」というポーズなのだろう。しかし、生前退位や皇室存続のための皇室典範の改正は、政府が自らの政治的責任を〝自覚〟し、本書で述べたような必要最低限の改正を断じて行う、という覚悟さえ決めればよい話だ。

逆にその〝覚悟〟が固まらなければ、どれだけ体裁を繕って丁寧で周到「そうな」手順を踏んでもロクな結果にはならない。

皇室典範問題の理解と解決のために、本書がたとえわずかでも役に立つならば、これほど嬉しいことはない。

平成二十八年十月三日

高森明勅

資料

象徴としてのお務めについての天皇陛下のおことば

（平成28年8月8日）

戦後70年という大きな節目を過ぎ、２年後には、平成30年を迎えます。

私も80を越え、体力の面などから様々な制約を覚えることもあり、ここ数年、天皇としての自らの歩みを振り返るとともに、この先の自分の在り方や務めにつき、思いを致すようになりました。

本日は、社会の高齢化が進む中、天皇もまた高齢となった場合、どのような在り方が望ましいか、天皇という立場上、現行の皇室制度に具体的に触れることは控えながら、私が個人として、これまでに考えて来たことを話したいと思います。

即位以来、私は国事行為を行うと共に、日本国憲法下で象徴と位置づけられた天皇の望ましい在り方を、日々模索しつつ過ごして来ました。伝統の継承者として、これを守り続ける責任に深く思いを致し、更に日々新たになる日本と世界の中にあって、日本の皇室が、いかに伝統を現代に生かし、いきいきとして社会に内在し、人々の期待に応えていくかを考えつつ、今日に至っています。

そのような中、何年か前のことになりますが、2度の外科手術を受け、加えて高齢による体力の低下を覚えるようになった頃から、これから先、従来のように重い務めを果たすことが困難になった場合、どのように身を処していくことが、国にとり、国民にとり、また、私のあとを歩む皇族にとり良いことであるかにつき、考えるようになりました。既に80を越え、幸いに健康であるとは申せ、次第に進む身体の衰えを考慮する時、これまでのように、全身全霊をもって象徴の務めを果たしていくことが、難しくなるのではないかと案じています。

私が天皇の位についてから、ほぼ28年、この間《かん》私は、我が国における多くの喜びの時、また悲しみの時を、人々と共に過ごして来ました。私はこれまで天皇の務めとして、何よりもまず国民の安寧と幸せを祈ることを大切に考えて来ましたが、同時に事にあたっては、時として人々の傍らに立ち、その声に耳を傾け、思いに寄り添うことも大切なことと考えて来ました。天皇が象徴であると共に、国民統合の象徴としての役割を果たすためには、天皇が国民に、天皇という象徴の立場への理解を求めると共に、天皇もまた、自らのありように深く心し、国民に対する理解を深め、常に国民と共にある自覚を自らの内に育てる必要を感じて来ました。こうした意味において、日本の各地、とりわけ遠隔の地や島々への旅も、私は天皇の象徴的行為として、大切なものと感じて来ました。皇太子の時代も含め、これまで私が皇后と共に行《おこな》って来たほぼ全国に及ぶ旅は、国内のどこにおいても、その地域を愛し、その共同体を地道に支える市井《しせい》の人々のあることを私に認識させ、私がこの認識をもって、天皇として大切な、国民を思い、国民のために祈るという務めを、人々への深い信頼と敬愛をもってなし得たことは、幸せなことでした。

天皇の高齢化に伴う対処の仕方が、国事行為や、その象徴としての行為を限りなく縮小していくことには、無理があろうと思われます。また、天皇が未成年であったり、重病などによりその機能を果たし得なくなった場合には、天皇の行為を代行する摂政を置くことも考えられます。しかし、この場合も、天皇が十分にその立場に求められる務めを果たせぬまま、生涯の終わりに至るまで天皇であり続けることに変わりはありません。

天皇が健康を損ない、深刻な状態に立ち至った場合、これまでにも見られたように、社会が停滞し、国民の暮らしにも様々な影響が及ぶことが懸念されます。更にこれまでの皇室のしきたりとして、天皇の終焉に当たっては、重い殯《もがり》の行事が連日ほぼ2ヶ月にわたって続き、その後喪儀《そうぎ》に関連する行事が、1年間続きます。その様々な行事と、新時代に関わる諸行事が同時に進行することから、行事に関わる人々、とりわけ残される家族は、非常に厳しい状況下に置かれざるを得ません。こうした事態を避けることは出来ないものだろうかとの思いが、胸に去来することもあります。

始めにも述べましたように、憲法の下《もと》、天皇は国政に関する権能を有しません。そうした中で、このたび我が国の長い天皇の歴史を改めて振り返りつつ、これからも皇室がどのような時にも国民と共にあり、相たずさえてこの国の未来を築いていけるよう、そして象徴天皇の務めが常に途切れることなく、安定的に続いていくことをひとえに念じ、ここに私の気持ちをお話しいたしました。

国民の理解を得られることを、切に願っています。

日本国憲法（抜粋）

第一章　天皇

第一条　天皇は、日本国の象徴であり日本国民統合の象徴であつて、この地位は、主権の存する日本国民の総意に基く。

第二条　皇位は、世襲のものであつて、国会の議決した皇室典範の定めるところにより、これを継承する。

第三条　天皇の国事に関するすべての行為には、内閣の助言と承認を必要とし、内閣が、その責任を負ふ。

第四条　天皇は、この憲法の定める国事に関する行為のみを行ひ、国政に関する権能を有しない。

○2　天皇は、法律の定めるところにより、その国事に関する行為を委任することができる。

第五条　皇室典範の定めるところにより摂政を置くときは、摂政は、天皇の名でその国事に関する行為を行ふ。この場合には、前条第一項の規定を準用する。

第六条　天皇は、国会の指名に基いて、内閣総理大臣を任命する。

○2　天皇は、内閣の指名に基いて、最高裁判所の長たる裁判官を任命する。

第七条　天皇は、内閣の助言と承認により、国民のために、左の国事に関する行為を行ふ。

一　憲法改正、法律、政令及び条約を公布すること。
二　国会を召集すること。
三　衆議院を解散すること。
四　国会議員の総選挙の施行を公示すること。
五　国務大臣及び法律の定めるその他の官吏の任免並びに全権委任状及び大使及び公使の信任状を認証すること。
六　大赦、特赦、減刑、刑の執行の免除及び復権を認証すること。
七　栄典を授与すること。
八　批准書及び法律の定めるその他の外交文書を認証すること。
九　外国の大使及び公使を接受すること。
十　儀式を行ふこと。

第八条　皇室に財産を譲り渡し、又は皇室が、財産を譲り受け、若しくは賜与することは、国会の議決に基かなければならない。

皇室典範

第一章　皇位継承

第一条　皇位は、皇統に属する男系の男子が、これを継承する。

第二条　皇位は、左の順序により、皇族に、これを伝える。

一　皇長子
二　皇長孫
三　その他の皇長子の子孫
四　皇次子及びその子孫
五　その他の皇子孫
六　皇兄弟及びその子孫
七　皇伯叔父及びその子孫

○2　前項各号の皇族がないときは、皇位は、それ以上で、最近親の系統の皇族に、これを伝える。

○3　前二項の場合においては、長系を先にし、同等内では、長を先にする。

第三条　皇嗣に、精神若しくは身体の不治の重患があり、又は重大な事故があるときは、皇室会議の議により、前条に定める順序に従つて、皇位継承の順序を変えることができる。

第四条　天皇が崩じたときは、皇嗣が、直ちに即位する。

第二章 皇族

第五条 皇后、太皇太后、皇太后、親王、親王妃、内親王、王、王妃及び女王を皇族とする。

第六条 嫡出の皇子及び嫡男系嫡出の皇孫は、男を親王、女を内親王とし、三世以下の嫡男系嫡出の子孫は、男を王、女を女王とする。

第七条 王が皇位を継承したときは、その兄弟姉妹たる王及び女王は、特にこれを親王及び内親王とする。

第八条 皇嗣たる皇子を皇太子という。皇太子のないときは、皇嗣たる皇孫を皇太孫という。

第九条 天皇及び皇族は、養子をすることができない。

第十条 立后及び皇族男子の婚姻は、皇室会議の議を経ることを要する。

第十一条 年齢十五年以上の内親王、王及び女王は、その意思に基き、皇室会議の議により、皇族の身分を離れる。

○2 親王（皇太子及び皇太孫を除く。）、内親王、王及び女王は、前項の場合の外、やむを得ない特別の事由があるときは、皇室会議の議により、皇族の身分を離れる。

第十二条 皇族女子は、天皇及び皇族以外の者と婚姻したときは、皇族の身分を離れる。

第十三条 皇族の身分を離れる親王又は王の妃並びに直系卑属及びその妃は、他の皇族と婚姻した女子及びその直系卑属を除き、同時に皇族の身分を離れる。但し、直系卑属及びその妃については、皇室会議の議により、皇族の身分を離れないものとすることができる。

第十四条 皇族以外の女子で親王妃又は王妃となつた者が、その夫を失つたときは、その意思により、皇族の身分を離れることができる。

○2　前項の者が、その夫を失つたときは、同項による場合の外、やむを得ない特別の事由があるときは、皇室会議の議により、皇族の身分を離れる。

○3　第一項の者は、離婚したときは、皇族の身分を離れる。

○4　第一項及び前項の規定は、前条の他の皇族と婚姻した女子に、これを準用する。

第十五条　皇族以外の者及びその子孫は、女子が皇后となる場合及び皇族男子と婚姻する場合を除いては、皇族となることがない。

第三章　摂政

第十六条　天皇が成年に達しないときは、摂政を置く。

○2　天皇が、精神若しくは身体の重患又は重大な事故により、国事に関する行為をみずからすることができないときは、皇室会議の議により、摂政を置く。

第十七条　摂政は、左の順序により、成年に達した皇族が、これに就任する。

一　皇太子又は皇太孫
二　親王及び王
三　皇后
四　皇太后
五　太皇太后
六　内親王及び女王

○2　前項第二号の場合においては、皇位継承の順序に従い、同項第六号の場合においては、皇位継承の順序に準ずる。

第十八条　摂政又は摂政となる順位にあたる者に、精神若しくは身体の重患があり、又は重大な事故があるときは、皇室会議の議により、前条に定める順序に従つて、摂政又は摂政となる順序を変えることができる。

第十九条　摂政となる順位にあたる者が、成年に達しないため、又は前条の故障があるために、他の皇族が、摂政となつたときは、先順位にあたつていた皇族が、成年に達し、又は故障がなくなつたときでも、皇太子又は皇太孫に対する場合を除いては、摂政の任を譲ることがない。

第二十条　第十六条第二項の故障がなくなつたときは、皇室会議の議により、摂政を廃する。

第二十一条　摂政は、その在任中、訴追されない。但し、これがため、訴追の権利は、害されない。

第四章　成年、敬称、即位の礼、大喪の礼、皇統譜及び陵墓

第二十二条　天皇、皇太子及び皇太孫の成年は、十八年とする。

第二十三条　天皇、皇后、太皇太后及び皇太后の敬称は、陛下とする。

○2　前項の皇族以外の皇族の敬称は、殿下とする。

第二十四条　皇位の継承があつたときは、即位の礼を行う。

第二十五条　天皇が崩じたときは、大喪の礼を行う。

第二十六条　天皇及び皇族の身分に関する事項は、これを皇統譜に登録する。

第二十七条　天皇、皇后、太皇太后及び皇太后を葬る所を陵、その他の皇族を葬る所を墓とし、陵及び墓に関する事項は、これを陵籍及び墓籍に登録する。

第五章　皇室会議

第二十八条　皇室会議は、議員十人でこれを組織する。

○2　議員は、皇族二人、衆議院及び参議院の議長及び副議長、内閣総理大臣、宮内庁の長並びに最高裁判所の長たる裁判官及びその他の裁判官一人を以て、これに充てる。

○3　議員となる皇族及び最高裁判所の長たる裁判官以外の裁判官は、各々成年に達した皇族又は最高裁判所の長たる裁判官以外の裁判官の互選による。

第二十九条　内閣総理大臣たる議員は、皇室会議の議長となる。

第三十条　皇室会議に、予備議員十人を置く。

○2　皇族及び最高裁判所の裁判官たる議員の予備議員については、第二十八条第三項の規定を準用する。

○3　衆議院及び参議院の議長及び副議長たる議員の予備議員は、各々衆議院及び参議院の議員の互選による。

○4　前二項の予備議員の員数は、各々その議員の員数と同数とし、その職務を行う順序は、互選の際、これを定める。

○5　内閣総理大臣たる議員の予備議員は、内閣法の規定により臨時に内閣総理大臣の職務を行う者として指定された国務大臣を以て、これに充てる。

○6　宮内庁の長たる議員の予備議員は、内閣総理大臣の指定する宮内庁の官吏を以て、これに充てる。

○7　議員に事故のあるとき、又は議員が欠けたときは、その予備議員が、その職務を行う。

第三十一条　第二十八条及び前条において、衆議院の議長、副議長又は議員とあるのは、衆議院が解散されたときは、後任者の定まるまでは、各々解散の際衆議院の議長、副議長又は議員であつた者とする。

第三十二条　皇族及び最高裁判所の長たる裁判官以外の裁判官たる議員及び予備議員の任期は、四年とする。

第三十三条　皇室会議は、議長が、これを招集する。

○2　皇室会議は、第三条、第十六条第二項、第十八条及び第二十条の場合には、四人以上の議員の要求があるときは、これを招集することを要する。

第三十四条　皇室会議は、六人以上の議員の出席がなければ、議事を開き議決することができない。

第三十五条　皇室会議の議事は、第三条、第十六条第二項、第十八条及び第二十条の場合には、出席した議員の三分の二以上の多数でこれを決し、その他の場合には、過半数でこれを決する。

○2　前項後段の場合において、可否同数のときは、議長の決するところによる。

第三十六条　議員は、自分の利害に特別の関係のある議事には、参与することができない。

第三十七条　皇室会議は、この法律及び他の法律に基く権限のみを行う。

附　則

○1　この法律は、日本国憲法施行の日から、これを施行する。

○2　現在の皇族は、この法律による皇族とし、第六条の規定の適用については、これを嫡男系嫡出の者とする。
○3　現在の陵及び墓は、これを第二十七条の陵及び墓とする。

（以下略）

著者略歴

高森明勅
たかもりあきのり

昭和三十二(一九五七)年、岡山県生まれ。

神道学者、皇室研究者。

國學院大學文学部卒、同大学院博士課程単位取得。

皇位継承儀礼の研究から出発し、
日本史全体に関心を持ち、現代の問題にも発言。

「皇室典範に関する有識者会議」のヒアリングに応じる。

拓殖大学客員教授などを歴任。

現在、日本文化総合研究所代表。神道宗教学会理事。國學院大學講師。

著書に『謎とき「日本」誕生』『はじめて読む「日本の神話」』『天皇と民の大嘗祭』

『日本の10大天皇』『皇室論』『歴史で読み解く女性天皇』などがある。

ホームページ「明快! 高森型録」のURLはhttp://a-takamori.com/

幻冬舎新書 440

天皇「生前退位」の真実

二〇一六年十一月三十日　第一刷発行
二〇一六年十二月十五日　第二刷発行

著者 高森明勅
発行人 見城 徹
編集人 志儀保博

発行所 株式会社 幻冬舎
〒一五一-〇〇五一 東京都渋谷区千駄ヶ谷四-九-七
電話 〇三-五四一一-六二一一(編集)
〇三-五四一一-六二二二(営業)
振替 〇〇一二〇-八-七六七六四三

ブックデザイン 鈴木成一デザイン室
印刷・製本所 中央精版印刷株式会社

Printed in Japan ISBN978-4-344-98441-7 C0295
た-8-2

幻冬舎ホームページアドレス http://www.gentosha.co.jp/
*この本に関するご意見・ご感想をメールでお寄せいただく場合は、comment@gentosha.co.jp まで。